桑田真澄／著

試練が人を磨く

桑田真澄という生き方

扶桑社文庫

0481

写真提供：株式会社ノウハウ　カバー表 1、P.29、P.117、P.223
中村浩美　カバーソデ、P.3

２００７年８月１４日　ピッツバーグにて

まえがき――文庫出版にあたって

夢を実現した

『試練が人を磨く』を文庫にしたい、という連絡を受けたのは、ペンシルバニア州ピッツバーグでした。そう、２００７年のシーズンを、僕はアメリカで迎えました。

夢を実現したのです。僕はメジャーリーグのマウンドに、立てたのです。ナショナル・リーグ中部地区の名門（１８８７年創設）「ピッツバーグ・パイレーツ」で、背番号18を付けて。

この本は、長嶋ジャイアンツでの栄光の時期に書きました。それから12年。いろいろなことがありました。最も厳しく、大きな出来事は、怪我とそれに続く手術でした。

１９９５年5月24日、対阪神戦で、ファウルボールをダイビングして、捕球しにいったときの肘の負傷でした。日本のドクターたちの診断は、炎症と打撲でしたが、自分の中ではまったく駄目という感覚で、ボールを放す瞬間に、まったく力が入らない状態でした。そこでアメリカのジョーブ博士の診察を希望しましたが、シーズン中でしたので、なかなか球団の許可が下りず、シーズンが終わって、やっとジョーブ博士の検査を受けることができました。診断は右肘じん帯断裂。

「投手として、まだ投げたいか?」と、ジョーブ博士に聞かれました。返事は当然イエスです。「では、手術が必要だ」というのが結論で、左手の腱を右肘に移植するという手術を受けました。当時日本では、肘の手術をしたら投手としては終わりという認識の時代でした。でも、野球を続けたい、もう一度投げたいという気持ちが強かったのです。いつかメジャーリーグで投げたい、という夢もありました。そこで投手生命にかかわる決断を下しました。でも、メジャーに行くためのズル休みじゃないのか、手術するのじゃなくて、桑田はロサンゼルスでエージェントに会っているのじゃないかなど、マスコミにはいろいろなことを書かれました。

手術は成功しましたが、この手術の難しいところは、リハビリ期間が長いことで、復帰までに1年以上もかかってしまうのです。それは不安との闘いの日々でもありました。リハビリ中は、投げることができるまでの間、とにかくひたすら走り続けました。ジャイアンツ球場の外野の芝生がハゲて、道ができるほど走りました。復活することだけを頭に描いて、生きていたのです。

それだけに、1997年4月6日に、対ヤクルト戦で、ふたたびマウンドに立つことができたときの感慨は、今も記憶の中でひときわ鮮明です。661日ぶりの公式戦登板、683日ぶりの先発勝利投手でした。清原君がホームランを打って、復活の110勝目に花を添えてくれました。

手術当日の朝、ベッドに寝たまま手術室に運ばれるとき、映画の1シーンみたいに、廊下の天井の電灯が次々に流れて行くのを眺めながら、自分はまた投げられるようになるのだろうか、このまま終わってしまうのだろうかと、不安でいっぱいでした。そのときに思ったのです。『もし成功して、マウンドに立てるようになったら、手術した右肘をプレートにつけて、感謝の気持ちを表したい！』

それから約1年半後のその日、ふたたびマウンドに立ち、そっとプレートに右肘を当てて、野球の神様に「ようやく戻って来ました。また、よろしくお願いします」、そうつぶやきました。今、改めて思い出しても、涙がにじんできます。

試練は続く

しかしその後も試練は続きました。常に努力を忘れずに挑みましたが、必ずしも結果はついて来ませんでした。２００２年には、最優秀防御率投手賞と、ゴールデングラブ賞を獲得しましたが、その後は自分でも納得できない成績が続きました。年齢と、怪我が原因でしょう。やはり、肘の怪我が影響していたのだと思います。怪我をすると、そこをかばおうとして、他のどこかに影響が出ます。僕の場合は、腰に負担がかかって具合が悪くなり、それが足首の捻挫を招き、膝にまで影響が広がりました。

エース桑田真澄としては、つらい日々でした。屈辱でもありました。しかしある日、気が付いたのです。自分は、エースでいることが好きなのではなく、野球が好きなのだと。成績が伸びなくても、自分が努力していることが、好きだったのです。エースだけが、自分の人生で素晴らしいことではない。野球が好きで、他の人にはできない良い思いを、これまで沢山させてもらいました。野球を通じて、自分を磨かせていただいた。そんな野球が、僕は心から好きだ。だから、まだ野球をやりたい！

それが、２００６年の決断、メジャーリーグへの挑戦の、原点であり基本です。

メジャーリーグへの挑戦

ジャイアンツを退団し、アメリカのメジャーリーグを目指す。僕の夢への挑戦です。無謀だ、無理だろう、通用するはずがない、さまざまな声がありました。もっとひどいことも言われました。しかも、華々しくメジャーに迎えられるわけではなく、マイナーリーグからの挑戦です。

目標を立てて、そこに向かって努力して行くという生き方が、僕は好きです。でもその目標を達成したから偉いわけでも、達成できなかったから駄目なのでもない。大事なことは、目標を立てて、全力で努力して行くプロセスだと思うのです。それが「桑田真澄という生き方」です。ベストを尽くし、頑張っている自分が好きなのです。

メジャー挑戦を決断したのは、長男のひと言でした。子供は二人とも中学生ですから、僕としてはいちばん傍にいて、見守ってあげたい時期でした。ですから、日本での移籍も考えて悩んでいたときに、野球をやっている長男が、「パパ、挑戦したほうがいいよ。メジャーに挑戦しておいでよ」そう言ってくれたのです。

こうして、アメリカ行きを決めました。目標に向かって頑張ろう。自分の目で見て、触れて、肌で感じることが大事だ。それが失敗であっても成功であっても、必ずプラスになると信じて。

解雇通告を覚悟

しかし、アメリカでも、またまた試練に見舞われました。2007年2月、フロリダキャンプから始まった、マイナーでの調整は順調でした。オープン戦で投げるたびに自信がつき、自分の投球術を生かすことができれば、パワーとリーチを誇るメジャーリーガーの打者(それは想像をはるかに超えるものではありましたが)でも、必ず抑えられるという自信を確実なものにしかけていたとき、アクシデントに襲われたのです。メジャーを目前にした、3月の最終登板で、試合中に球審と激突して、負傷してしまったのです。足首に激痛が走りました。じん帯2本の断裂でした!

翌日、監督室に呼ばれました。監督、GM、ピッチングコーチ、チーフトレーナーが居ました。解雇通告を覚悟しました。しかしそこで聞いたのは、「桑田の野球に対する姿勢が、チームには必要だし、それだけではなく総ての面において、キミが必要だから、われわれは待っている。リハビリに専念してほしい」という言葉でした。涙をこらえるのに必死でした。メジャーへの夢が、つながったのです。本当にありがたく思いました。

それから、ギブスを付けて、松葉杖を使う日々が続きました。しかも一番下のランクの、ルーキーリーグ（1A）でのリハビリです。リハビリとは言っても、歩くこともできないのですから、もどかしく、つらい2ヵ月でした。それを乗り越えることができたのは、あの日の監督、チームの言葉でした。今はまだ多くを語れませんが、怪我を克服してのパイレーツへの昇格こそ、僕にとっては本当の「奇跡の復活」だと思っています。

僕は将来、野球界に恩返しをしたいと考えています。野球からすごく幸せをもらいました。それを野球界の後輩たちに、倍返ししたい。そのためには勉強が必要です。超一流の世界から、下のランクの人たち、裏方さんたちの苦労までを知ることが、大切だと思います。日本でも勉強させてもらいましたが、アメリカへ来て、怪我をしたことによって、1Aを見ることができ、2Aは飛び越して3Aを経験し、そして最高峰のメジャーリーグに迎えられました。もしあの怪我がなかったならば、マイナーリーグを自分の目で、つぶさに見ることはできませんでした。

すべてが、パーフェクトなタイミングだったのだと思います。一番下の、土台のところも、しっかり見て来い、ということだったのでしょう。マイナスの要素も、すべてプラスに転換したのです。自分の目で見ることが大事だと、改めて思っています。

メジャーリーグ初登板

そして、２００７年6月10日、夢が実現したのです。ついに、ピッツバーグ・パイレーツの投手として、メジャーリーグ初登板を果たしました。松井秀喜選手が在籍するニューヨーク・ヤンキースとの、インターリーグでの対戦でした。39歳と70日。メジャーリーグ史上7番目の、高齢デビューだったそうです。まさにオールド・ルーキーです。でも僕は、初めて甲子園に出場したとき、ジャイアンツでプロ初登板をしたときと同様に、新鮮な気持ちで、野球ができる喜び、感激、そして興奮に包まれていました。

6月21日には、シアトル・マリナーズのイチロー選手との、楽しみにしていた対決も実現しました。イチロー選手から三振を奪いましたが、その結果はオマケみたいなものです。結果よりも、ここまで来るプロセス、その道のりこそが、僕にとっては大切なものでした。

パイレーツ時代の終わり

今となってはずっと昔に、この本に書いた「メジャーリーグへの夢」は、実現できました。実は今日（2007年8月14日）、パイレーツの監督、GMと話し合い、短いけれど、充実していた、僕のパイレーツ時代を、終えることになりました。

日米通算2000奪三振という、達成目前だった記録も、あと8個を残したところで、パイレーツでの実現はなくなりました。でも悔いはありません。自分らしく、自分のペースで、他人とは比較せずに、目標を立て、それに向かってベストの努力をする。かと言って、目標を達成したから偉いわけではないし、記録のために目標を立てているわけでもない。それが僕の生き方です。

2007年、これが僕にとって、メジャーに来るベストのタイミングだったのだと、改めて思っています。いろいろなことがありましたが、おかげでメジャーリーグの全部を、見せてもらったという印象です。

怪我の後で、3Aで終ってもいい、と思ったことがあります。たとえマイナーリーグだけでも、実際に見られたならば、そこには価値があると感じたのです。ですからパイレーツに昇格し、今までにないリリーフ投手という経験をしてきた毎日は、嬉しくて楽しく、いつ辞めてもいいと思うほどの、満足感に包まれていました（リリーフ投手の大変さも、初めて痛感しましたが）。内容の濃い一年だったと思います。

いつか指導者に

将来、後輩たちに伝えるために、現役選手としてできる下準備、勉強は、すべてやり遂げたという想いです。少年野球からプロ野球まで、野球が好きなすべての後輩たちに、適切な助言を与えられる指導者に、いつかなれたらとも思います。

メジャーリーガーになったから、偉いわけではありませんし、夢や目標を実現できたから、満足なのでもありません。メジャーに挑戦したからこそ知り得たこと、見ることができたこと、アメリカに来て、パイレーツというチームでプレーしたからこそ、自分の目で見て、触れて、感じることができたこと、それに満足し、感謝しているのです。

野球が好きだから、ここまで来ることができたのだと思います。そして『野球が好きだ！』というのが、僕の誇りなのです。

人生に悔いは残したくありません。やれるうちは努力を重ねて、やり切った、これで満足だと自分で思えたときに、ユニフォームを脱ぎたいと思います。でも、現役が終わったら、また次の目標に向かって行きたい。自分らしく、自分のペースで、桑田真澄の人生を生きることが大事だと思っています。

これからも、さまざまな試練に直面することでしょうが、「試練が人を磨く」と信じて、人間力を高めて行きたいと願っています。そして、どのような形であれ、野球への夢を追い続けたいと思います。桑田真澄は、とにかく野球が好きなのですから。

最後に、単行本に続いてこの文庫出版でも、わざわざアメリカにまで来て尽力していただいた中村浩美さんと、扶桑社の松井洋一編集長に感謝いたします。

２００７年８月14日　　パイレーツの本拠地ピッツバーグで　　桑田真澄

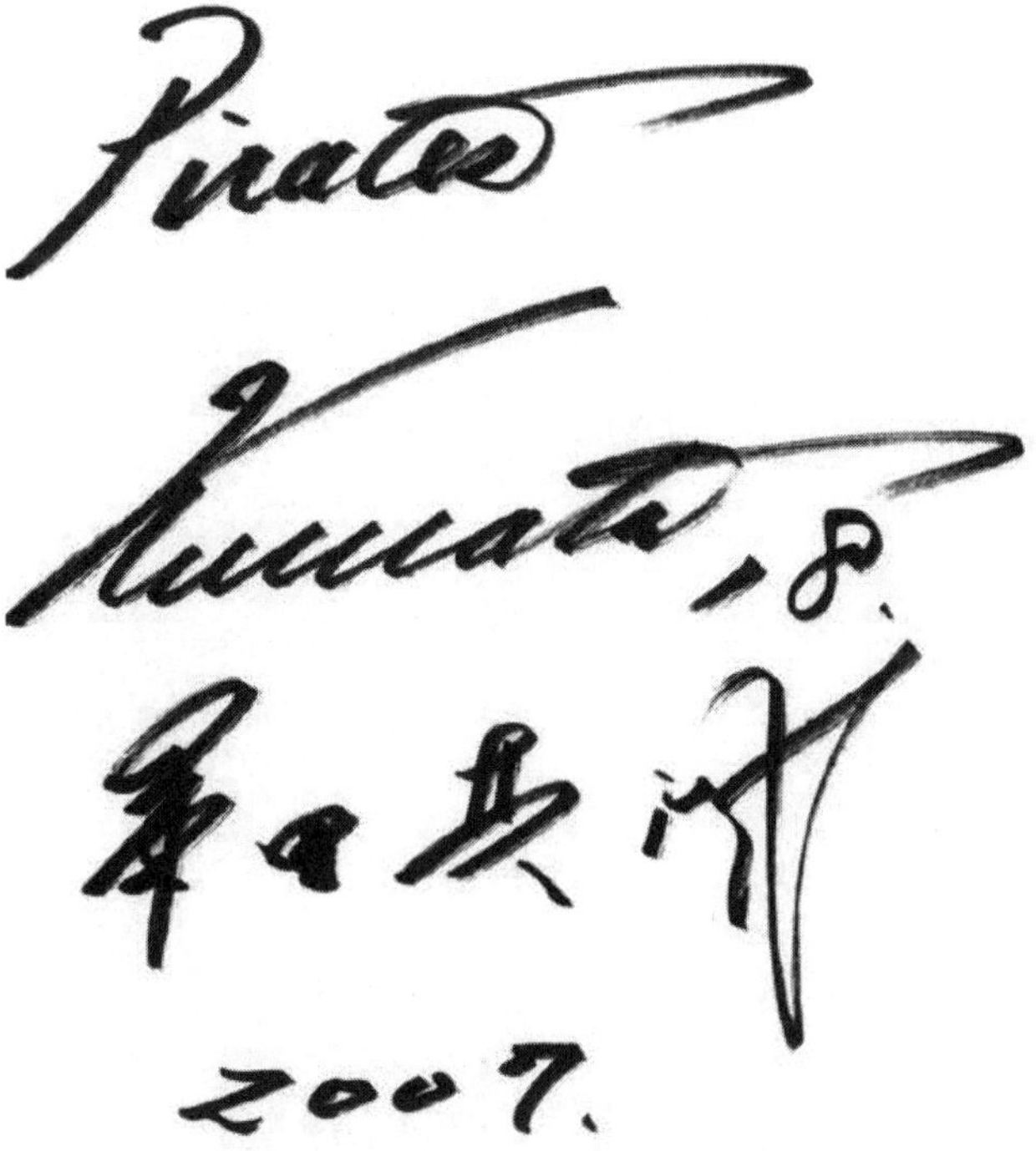
Pirates
2007.

〝人間力を磨く〟

「しびれるところで、いくぞ」。そのひと言だった。

あの10・8決戦（対中日、最終戦）の前夜のことだ。長嶋茂雄監督は、僕にそう言ってくれた。

試練や困難に直面するほど、僕は燃える。しびれるような場面での登板は、願ってもない。うれしかった。もう何も考えなかった。ただベストを尽くすだけだ。

試練を克服してこそ、自分は磨かれるのだ。

生きる目的は、自分を磨くことだと僕は思う。

だから試練や困難は、僕に与えられた砥石《といし》なのだ。自分を磨くための砥石。僕はいつもそう思っている。どんなことにでも、常にポジティブに向かっていくのは、ひたすら自分を磨くためだ。

僕はプロ野球の選手だから、野球を通して自分を磨く。とにかく常に前向きに、自分を磨くことに集中したいというのが、僕の人生に対する基本的な姿勢だ。

皆さんの熱烈な応援のおかげで、１９９４年のシーズンは、チームはリーグ優勝と日本一を果たしたし、僕自身も数々の賞をいただくことができた。もちろん、これまでで最高の達成感がある。

でも僕は悪い年、結果に恵まれなかった年だって、前向きに努力して、自分を磨くことができればそれで満足だ。

'92年、'93年というのは、プロになって最悪の二年間だったけれど、それでもシーズンオフになってすごい充実感があった。

成績が悪くて、マスコミにもVを逸した最大の責任者、A級戦犯だなんて書かれて叩かれたのに、僕自身は「自分はよくやったな」と思っていた。これは自分を甘やかしているのではなくて、本当に努力した自分を知っているからだ。

僕も実は弱い人間だ。しょっちゅう挫けそうになる。

成績が悪かったり調子が出ないときはとくにそうだ。でも、「これではダメなんだ」といつも自分に言い聞かせて頑張る。自分を励まし励まし頑張っている自分自身の姿が、僕は最高に好きだし、最高に幸せだ。それが自分を磨くことにつながる。

だから最悪だった二年間が終わって、それでも充実感があったとき、「これは自分がだいぶ磨けてきたな」と感じた。普通なら「何やってるんだよ」と自分でも嫌になってしまうところだけれど、「よくやったな」と思ったということは、よく努力したということだから、「あぁ、悪いシーズンでもこういうふうに思えたら、幸せだな」と考えたわけだ。どんなときにも、いかに自分が努力したかで、評価したいと思う。

つまり僕は、結果よりもプロセスが大事だと思っているのだ。

何かに直面して選択を迫られることがある。人生はだいたい局面局面で二者択一を迫られるものだ。皆さんも経験されていることだろう。その際に易しい道と険しい道とがあったら、僕は険しい道を選ぶ。そうするように自分で努力している。やっぱり人間だから易しいところに行きたいのが普通だ。楽なほうに。

でも《急がば回れ》なのだと思う。

野球に限らず、これまで本当にいろいろなことがあった。27歳で他人の一生分くらいの経験をさせてもらったかもしれない。改めて振り返ってみると、いつも難しい、険しい道を選んでこれたから、今の自分があるんだと思わずにいられない。

自分を磨く、僕はとくに《人間力を磨く》ということを常に考えている。

人間力なんて聞いたことないぞ、なんだいそれは、と言われるかもしれない。たとえば僕は、『大物とは、金持ちでも有名な人でも、名誉がある人でもない。人間力の素晴らしい人だ』と考える。そういう人間の基準というか評価を考えるときの、ひとつの重要な尺度なのだ。

要するに人間力というのは、すべてのことにありがたいと思える心を持ち、いつも毅然とした態度で、常に気持ちが大きく、何ともいえない大きさを感じさせる人間に、備わっているもの。そんなイメージ、わかってもらえるだろうか。

だから人間力に到達点はない。無限だ。限界がない。そこに少しでも近づきたい。こういう言葉は、思いついたときに日記に書いている。人から聞いた印象的な言葉なんかもこの日記には書いてある。偉人、賢人、哲学者や宗教家の箴言《しんげん》や警句なども、自分なりにアレンジして日記に書き、頭の中に納めてある。

いつもそういう言葉を思い浮かべては、自分を磨くことを心がけているのだ。これがプラス思考だろうか。

僕たちの仕事というのは、あした怪我をして野球生命が終わりになるかもしれない、そういう仕事だ。もしそうなっても僕は悔いがない。自分なりにトレーニングも考え、いろいろなものを勉強して、毎日精一杯生きて、それでもあした怪我をして体が使えなくなって、野球をやめろと宣告されても、悔いはない。

悔いが残るような生き方はしたくないし、していないつもりなのだ。だから自分を磨くこと、人間力を高めることに、とにかく日々集中して生きていきたいと思う。

'94年のシーズンで１００勝を達成し、今年プロ10周年を迎えた機会に、普段はあまり喋らない無口な僕が、自分の考えをまとめてみたいと考えた。

僕の人生に対する姿勢、野球に対する想いを書いてみたい。最高だったとき、最悪だったとき、幸福だったとき、絶望したとき、そのときどきに桑田真澄がどう考え、どう行動したか。

どのように自分の〝人間力〟を磨こうと努力してきたか、皆さんにお伝えしてみたい。

試練が人を磨く
桑田真澄という生き方
……目次

I 野球を通して自分を磨く

Ⅱ 努力することに意味がある

III 野球と人生に懸ける想い

Ⅰ 野球を通して自分を磨く

巨人時代のグローブとボール

《理想の感覚》が戻った！

シーズン前にはいつも、ひとつのイメージがある。

理想のボールとかフォームのイメージだ。

正確に言うと、《理想の感覚》だ。

'94年のシーズン前は、自分でイメージしているその感覚に、全然戻っていなかった。過去二年間、ちょっと肩の具合が悪くて、ずっとおかしいな、おかしいなという感じだった。'93年のオフからずっと、寝る間も惜しんでシャドー・ピッチングを続けてきた。キャンプでも、同室の選手に外に出てもらって部屋貸切で、鏡を見てシャドーを続けたのだけれど、その理想のイメージの感覚が戻らなかった。オープン戦も不調。もう不安で不安でしかたがなかった。

どうしよう。これだけやってもまだダメか。もう今年のシーズンも始まるというのに、オレはどうしたんだよ、という感じだった。

シーズン開幕のわずか四、五日前のことだった。読売ランドで行なわれた、一カ所バッティング（シート打撃）で投げた。不安なままマウンドに上がって投げはじめたら、すごくいい感覚があった。

一球投げたときに、「あぁこれだ！」と思った。

ピタッとはまった感じだ。本当に涙が出るほどうれしかった。それはレギュラー選手に投げた一カ所バッティングだったのだけれど、完璧に抑えることができた。

その日、家に帰って嫁さんに、思わず言ってしまった。

「もう大丈夫だ。15勝できる」

やっと戻った、という感じだった。突然この日に戻ってきたのだ。

投球でも打撃でも、一般にフォームが重視される。みんなすぐにフォーム、フォームという。理想のピッチング・フォームというように。でも形や型ではないと思う。

その人の《感覚》なのだ。

たとえば金田正一さんがいい。あの脚の上げ方、あの腕の振りがいい。あれをやればいいんだ、というふうによく言われるけれど、僕は違うと思う。その人その人の感覚がある。金田さんと同じフォームをすれば、誰でも良くなるかというとそうじゃない。

たとえば落合博満さんが三冠王を取った。みんな真似をする。でも、みんなそれでは打てない。落合さんにしかそれはできない。大事なのはその人自身の感覚なのだ。金田さんや落合さんと正反対のことをしていても、自分の感覚でばっちりはまっていれば、それがいいフォームなのだと思う。

僕がこの《理想の感覚》を持続できたのは、高校1年のときと、プロ入り2年目の一時期、そして'94年のシーズンしかない。

僕の場合、投球について言えば、インコースとアウトコースのどちらかは必ずいい。両方ともダメというときはあまりない。とくにアウトローには常に自信を持っている。でも僕としては、両方良くないと嫌だ。欲張りかもしれない。でもイン、アウトともに、自分の狙ったところにボールがいかないと嫌なのだ。

その《理想の感覚》があるときというのは、必ず両方とも決まる。

過去に17勝したことも（'89年）、16勝したことも（'91年）ある。でもあの頃は、きょうは出た、もう大丈夫だろうと思っていても、次に出ない。波が激しい。だからたとえ完封したって不安でしょうがない。

家に帰って嫁さんによく叱られたものだ。

「シャットアウトして、なんでそんなに喜ばないの」

「いや、違うんだ、オレの球じゃないんだよ」

「でもシャットアウトでしょ、どうして喜ばないのよ」

「いや違うんだよ」

それが'94年、'87年前半、高校1年のときは、毎日その感覚があって、狙ったところにボールが行くのだから、マウンドにいても楽しくてしょうがない。

最悪だった二年間に、「この努力が、いずれはいいことにつながるんだ」と信じて、黙々と練習してきた結果が出たのだ。

その上に、プロセスがある

もう全然、怖くなかった。自信を持って開幕を迎えた。

その《理想の感覚》の復活が、第1戦の11奪三振につながったのだ。

1994年の初登板は4月13日、横浜球場、対横浜戦だった。自分のピッチングができた。結果は4対2。12球団随一の破壊力を誇る、横浜のクリーンナップをわずか1安打に抑え、11奪三振、2失点、125球の完投勝利。思わずガッツポーズが出た。マウンドから降りてきた僕を、監督は肩を抱いて祝福してくれた。打っても猛打賞で『雨中のひとり舞台!』と新聞は書いた。

『非常に安定していた、軸足に乗っていいバランスだった』と長嶋監督のコメント。

このあと4月20日の中日戦にも勝つ(9対3)けれど、続く広島と横浜戦に連敗(0対2、1対7)。昨シーズンは8月から9月にかけて3連敗、9月下旬にも連敗を記録した。でも試合に負けたって、僕は自分のピッチングができれば、それで最高だ。

あの《感覚》が戻っていたし、不安感はなかった。勝敗はあくまで時の運だ。

「プロは結果だ」とよく言われる。

結果さえ出せば文句を言われることもないと、どんな人に聞いてもそう言う。それは僕もわかる。何が大事かというと確かに一番に結果だ。みんなそこで終わりだけれど、僕はその上にもうひとつあると思う。

それが、プロセスだ。

いかに目標を持って、それに向かって頑張っていくかというプロセス。結果の上にプロセスがあるというのが、僕の信念なのだ。だから試合に負けても全然不安ではない。自分のピッチングができていれば気分もいい。

3点で抑えることができれば、勝とうが負けようがしょうがないという気持ちが、もともと僕にはある。3点が目安だ。野球というのはなぜか3がキーナンバーになっている。長嶋監督の背番号も、僕の背番号も3で割り切れる。というのは冗談だけれど、とにかく3が区切りだ。9人で9回をやり、それを三つずつ区切る。序盤、中盤、終盤と。

そういう意味でチャンスも三回、ピンチも三回くることになる。だから味方が三回のチャンスを三回ともモノにできれば、3点は取れる、最低でも。でもピンチも三回くるから、そのうちの一回でも自分が抑えれば、3対2で勝てるというのが僕の考えだ。万が一僕が三回とも相手にやられても、3点で抑えておけば同点だという考えだ。だからたとえば6対5で勝っても、僕はあまりうれしくない。でも、勝ちは勝ちだ。

けっこう結果にこだわりを持っていないようで、こだわりを持っていて、でもやっぱりこだわりを持っていない。

汚い表現を許していただけるなら、「結果はクソ」なのだ。結果は、結果として受けとめるしかない。ここがまた大事なところだ。目標を達成した。結果が出た。それは、自分がそのプロセスで頑張ったから、天がくれたご褒美なのだ。だから、「あぁ良かった」で終わり。達成できたと喜んで、それと同時に消えてしまう。そしてまた、次の目標に向かって努力する。

クソとご褒美を一緒にするなんて、と思われるかもしれないけど、成功しても失敗しても、結果は結果で終わりなのだ。だから、結果に引きずられることはない。

一〇年で、理想のピッチャーに

大きな目標を立てた。目標は20勝だった。

そういう大きな目標を持ったのは、昨シーズンが初めてだった。勝ち星としては、もうそろそろ20勝したいという気持ちと、それができる体になっているという自信が、'94年の開幕前にはあった。

プロに入って一〇年で自分の理想とするピッチャーになる、という大目標も、僕にはもともとあった。

去年は9年目。ちょうど一年前ということで、何とかその「理想の投手像」に近づくことができるだろう。そのために20勝という目標を持ってやったつもりだ。僕にとってプロの一〇年間は、自分を造り上げる準備期間なのだ。'95年の今シーズンが、その「理想の投手像」を完成する年になるわけだ。

だから桑田真澄は、これからが全盛期なのだ。

昨シーズンは結局届かなかったけれど、今年からいよいよ本格的に20勝に挑戦だ。勝ち星ともうひとつ、いかに好不調の波を小さくするかも、'94年の目標だった。

今までは、4月よかった、5月ダメ、6月よかった、でも7月ダメというように波が大きかった。それをずっと小波《さざなみ》程度で行きたいと思った。これはどうやったらできるかというと、もうコンディションの維持しかない。

野球は正味六ヵ月ほどのシーズンだけれど、簡単なようでいて、コンディションの維持は難しいものだ。移動する、気候も違う、食べ物も変わる、いろいろなファクターがある。この目標は幸い達成できた。去年は本当にコンディショニングも最高で、風邪をひくこともなく、調子の波も大きく下がることなくずっとキープできた。だから連敗があったってまったく不安ではなかった。

5月10日、3勝目。対ヤクルト戦、神宮球場。散発5安打、11奪三振、無四球完投、7対1。『今年は頼りになる男』『完璧』と翌日の新聞の見出し。

『今季最高。どんなチームでもきょうの桑田は打てません』と長嶋監督のコメント。

ホームからバックスクリーンに強風が吹いていたから、低めに投げるしかない。その低めにビシビシ決まって、速球の最高は146キロ。でも7回にクラークに1発を浴びている。勝っても反省材料はあるものだ。

この日も11個の三振を奪ったわけだけれど、僕は本質的にバッタバッタと三振を取るピッチャーじゃない。フォークボールをよく空振りしてくれるが、僕の頭の中ではストレートとカーブが、あくまで基本だ。みんなフォーク、フォークというけれど、やはりストレートあってのフォークなのだ。自分ではサンダーボールと呼んでいるけれど、つまりはSFF（スプリット・フィンガー・ファストボール）。深く握らずに、自分なりに研究した投げ方で投げている。

絶対に肩や肘を痛めない投げ方だ。僕はもちろん専門家ではないけれど、解剖学をはじめとしていろいろな体の仕組みを勉強して、腕や筋肉の構造と働きを研究し、自然に逆らわない形で考えた腕の使い方だ。だからあれだけサンダーボールを投げても、僕はどこも痛めない。

バカみたいに思われるかもしれないけれど、僕はカンフーも研究した。

拳を出すときに必ず内側に絞り込む、あれだ。投げるときの右腕の振りにも、左の肘を絞り込むのにもカンフーを応用している。とくに左肘を前で締めると力の入り方が全然違う。腕というのは、必ず体の前で使うのがいい。僕のこのやり方はなかなかコーチにも理解されなかった。

でも実はこれは、アメリカではスネーキーフィストといって、ちゃんとした技術として認められているものだ。日本の野球界では、僕以外にあまりやらないけれど。でも左肘を前でクッと締めることで、球を離すタイミングもクッと合って、ボールがビューンと伸びて行くのだ。

太極拳も研究した。

太極拳はすべてが円運動だ。円を描きながら脚を上げて、円を描きながらステップする。腕も円運動で前に出して投げる。太極拳のほうは投球フォームに取り入れている。桑田って面白い奴だと思われるだろうか。これもなかなかコーチに理解されなかったのだから、皆さんがわからなくてもしかたがない。

僕は体が小さいから、大きい人に勝つには、そういうことを考え研究しなければならない。腕だけじゃなく体全体を使って、大きい人のその上のボールを投げたいのだ。

《第一感を忘れるな》

桑田の考えは、いったいどこからきたんだろう。

皆さん、そう思われることだろう。

実は僕の野球に対する姿勢とか考え方というのは、高校時代から変わっていない。自分では同じことをずっとやっているだけだ。違うのは周囲の評価なのだ。同じことをやって、同じコメントをして、ずーっとやってきているのに毎年評価が違う。「あいつは和を乱した」なんて言われていたのが、'94年は「よくやってくれた、あいつのおかげだよ」となった。同じことをやって同じことを言っているのに、なぜこんなに評価が違うのだろう。

ＰＬ学園１年生のときに、《世界平和のために投げなさい》と言われた。

それはＰＬ教の教祖さんの教えのひとつだったのだけれど、15歳の僕には何のことだかわからなかった。わかるわけがない。「何で野球が世界平和につながるの？」

それが甲子園で優勝させてもらって、初めてわかった。甲子園が終わって全国からたくさんのファンレターをいただいた。主婦の人も、若い人も、高校生もいた。その中に『あることで自殺をしようと思いつめていて、最後の整理をしてあげようと子供の部屋に入って、偶然あなたのコメントが出ている本を見て』とか『あなたの甲子園の写真集を見て』とかあって、『あなたみたいにこうやって頑張っている人がいるのに、わたしはこんな小さなことで悩んで自殺するんじゃ申し訳ない。もう一度気持ちを引き締めて頑張ります。ほんとうに命を助けてもらってありがとうございました』そんなふうに書いてあった。そういう手紙がたくさん来た。

「あぁ、これが世界平和か」と、そのときに思った。「世のため、人のため、世界平和のために野球をしなさいというのは、こういうことか」と、僕はその言葉にすごく感動した。チームメイトには「けっ、バカか」と、笑っている者もいたけれど。

あるいは、桑田は熱心なＰＬ教の信者なのだろうなと、思われる方もあるかもしれないけれど、そうではない。宗教について言えば、仏教でもキリスト教でも、自分で納得できる教えは取り入れる。でもＰＬ学園で受けた教えは、今も僕の中で生きている。それはありがたいことだと思っている。

ＰＬ学園では、試合の前に選手が呼ばれて、いろいろ教えを受けるのが慣例になっていた。そこで教えられた言葉の数々は、自分なりに必ず日記に書いておいた。そしてそれは今も僕の体にしみ込んでいる。ＰＬ学園野球部の地獄の練習については、皆さんも聞いたことがあるかもしれないが、同時に僕たちは精神的な鍛錬も受けたのだった。

そんなひとつに、《第一感で投げなさい》というのがある。

要するに、ここはカーブでいきたいと思ったら、サインがまっすぐでも、カーブでいきなさいということ。勝負したくないと思ったら、勝負するなということだ。

《常に第一感を忘れるな》

この言葉は、現在の桑田真澄の投球にも、生き方にも生きている。改めて自分の野球は人生そのものなんだなぁと思う。今の時代にこんな古めかしいことを言うと、おかしいと思われるかもしれないけれど、《人生は野球なり》なのだ。もしＰＬに入らなかったら、こういう考えも持たなかったと思うし、ここまで来れなかったとも思う。

僕は中学時代に地区の野球大会で優勝したりもしたけれど、ＰＬに入っても球ひろいをやっている程度の選手だった。そこで清原君に会った。

清原が目標だった

清原和博という天才との出会いが、今の桑田真澄を造った。

入学式の前にＰＬの先生から声がかかった。「田口君と清原君とキミ、新入生三人でちょっと顔合わせをして、軽く練習してみないか」というのだ。「わぁ、いいですね」と喜んで当日でかけた。

二人が先に来ていた。僕が部屋に入っていくと彼らはソファに座っていた。先生が「こちらが桑田君。田口君と清原君です」と紹介してくれた。「あ、どうも」と会釈すると、二人がふわっとソファから立ち上がった。その瞬間「バカやろう！」と思った。大きい!!「おいおい、どこまで続いてるんだこの体は！」という感じだった。二人のベルトの位置が、僕の目の高さくらいに感じた。本当だ。僕の目の前に二人のベルトがあるんだ。

そのとき田口君１９２センチ、清原君１８７センチ、桑田君１７２センチ！

「これが同級生ですか!? もしかしてＰＬって、こんな人ばかり来るんですか?」と僕は思わず先生に聞いていた。

「いや、彼ら二人がいちばん大きい。あとはだいたい１８０くらいの子ばっかりだよ」

「はぁ!?」

僕は大阪の田舎育ちだったから、そんなに大きい奴は本当に初めて見た。「えらいとこに入ってしもたな」というのが、正直な感想だった。

それで練習を一緒にやった。田口君はピッチャー、清原君はバッターとして期待されていた。キャッチボールをやっても、バッティングをやっても全然違う。彼らはどう思ったか知らないけれど、僕はやっぱり全然違うなと感じていた。

入学式が終わって、野球部のみんなと会った。そりゃ田口君、清原君よりは小さいけれど、すごそうな奴ばっかり!「えらいとこに来てしまった」という気持ちは消えなかった。皆さんもご存じのように、ＰＬに来るのはみんなエースで４番バッターばかり。しかも全国的な選手ばかりだ。僕は中学のリーグで優勝したといったって、しょせん地方区だ。

不安は的中した。１年生で早くも挫けそうになって、やめたくなったのだ。

ピッチャーとして何回かチャンスをもらったのだけれど、打たれて打たれてもうどうしようもない。ピッチャーとしてはクビになって、それでも打撃がちょっと良かったから、何とか外野でいけるかと球ひろいばかりやっていた頃だ。

今となっては信じられないかもしれないけれど、僕はＰＬで球ひろいをしていたのだ。

ある日曜日、お母さんが練習を見に来た。慣れない寮生活と、ピッチャーとしての自信喪失で、僕はすっかり弱気になっていた。

「お母さん、もう無理や」。僕は弱音をはいた。

「こんな大きい奴らばっかりの中で、僕は体もちっこいし無理やわ、もうやめたいわ」

やっぱりそのときの僕には、甘える気持ちがあって、「頑張りなさい、そんなこと言わんと」と、優しく言ってくれるものと思っていた。

ところが怒られた。

「あんた、何言ってるの！　男が自分で入りたいと言って入った、行きたいと言って来たところで、まだ何ヵ月もたっていないのに、やめたいとは何事？　男がやるって決めたら、最後までやり通しなさい」と叱られてしまった。

「何もお母さんは、エースとかレギュラーとかになれって、言ってるんじゃないでしょ。自分が入りたいと思って入ったところで、三年間、卒業するまでやり遂げるのが男でしょ。補欠でも何でもいいじゃない、やることに意義があるんじゃないの」

そのときはグサッときた。寮に帰って「あぁ自分は甘かった。はなからもう無理だと決めつけていた」と反省した。そして考えたのは、

「よし！目の前に田口君と清原君がいる、エースと4番だ。じゃぁ、この二人にいかに勝つか、自分はトライしてみよう！」

それからまた気持ちを入れ換えて、練習をやり始めた。中学で何度も優勝したといっても、僕は大阪でしか勝っていない。誰も知らない地方区のエースだった。一方、清原君はずっと全国区だ。野球関係者がみんな知っていた。PLに来るのは、清原君を筆頭に全国でベストフォー以内に入った、エースで4番ばっかりなのだ。

「清原君は世界一のバッター」と、僕は高校1年のときから言っている。

目の前に最高の目標がいたのだ。

清原君は僕にとって、自分を磨く大切な砥石だった。

球ひろいからピッチャーへ

ひとりのおじいさんに、大きな影響を受けた。

PL野球部に臨時コーチで来てくれた、清水一夫さんという人だった。

野球についてはこの人の影響が大きいし、高校1年のとき徹底的に鍛えてもらった。

ピッチャーとしてはまるでダメで、ライトで球ひろいをしていた頃のことだ。

清水さんは55歳前後だったと思う。高校生にとってはおじいさんだ。ライトのフェンス際を、ベルトに手を突っ込んで前かがみで、チョコチョコと歩いていた。「けったいなおじんやな」と思いながら、練習を続けた。

ノックを受けて、サード、セカンド、今度はホームと、ボールを返す。もう野手に転向かなと思っていたから、くる日もくる日も懸命に外野からの返球を繰り返した。

清水さんはそんな僕のスローイングを、じっと見ていたらしい。

「あの、ライトを守っている坊主は何だ」

「ピッチャーなんですけど、ダメなんで、外野手にしようかと……」

「いや、あれはピッチャーさせればいい。ピッチャーに僕が造ってあげる」

あとから聞いた話だけれど、監督とそんな話があったらしい。

こうしてピッチャーとしての特訓が始まった。

「坊主、投げてみぃ。オレが受けたる。よし、こいッ。」と、ミットをかまえる。

もうおじいさんだから、ちゃんと受けられるわけないじゃないか、大丈夫かなと思いながらも投げてみた。

僕が投げ込むと、パーンといい音をたてて受ける。

「あれー、へーッ!」と思った。

実は清水さんは、報徳学園や神戸製鋼の監督をされ、金田正一さんの球を受けたこともあるという人だったのだ。

ところが「はいッ、ピッチング30球」と、かまえるのだけれど、正面のストライクゾーンに行った球しか捕らない。外れたらミットを動かしもしない。球の行方を見もしないで「ボール、取ってこい!」

さすがに肩のあたりなどにぶつかりそうなときは、捕るのだけれど、今度は投げ返してくれない。パッと捕って、フッと足元に落とすだけ。そして「おい、取りにこい！」。

かまえたところにビシッと投げなければ、絶対に捕ってくれないのだ。

ちょっと体から逸れたところになんか投げようものなら、微動だにしない。

「はい、ここに30球」と言ったら、ずっとその同じところでかまえて待っている。ちょっと横に行ったり、逸れたりしたら「取りにこい」か「取ってこい」だ。夏場にこれをやられたら、ほんとに死ぬ。投球練習は、文字通り必死だった。

いや、基本の練習も必死だった。たとえばスクワット。

「はい、スクワット100回」

投手陣なら投手陣でまとまって、みんなで声を出しながらやる。

「……98、99、100」。100回やったら、もう太股はパンパン！　そこで、

「桑田だけ、あと200回！」。清水さんは平気でそう言う。

「おう、数かぞえてやれ」なんて他のピッチャーに言っている。

「桑田が終わるまで、お前らは休憩」

今やっと100回やったところなのに、僕ひとりだけあと200回。

「クソじじい！　もうしばいたろか！」と心底思った。そういう毎日だった。

練習が終わって、野球部の研志寮に帰っても、寮の階段が昇れない！ 這って、やっとのことで昇る毎日だった。

1年生だから、練習が終わっても炊事や洗濯の仕事が待っている。体を休める時間なんてない。やっとそれも終わったと思ったら、また清水さんに呼ばれて、今度は、

「おぅ、桑田、マッサージせい」

信じられますか？ そんなわけで、夜は毎晩おじいさんをマッサージした。

でもあとで考えると、あれも練習だったのだ。指の力だ。指が自然に強くなっていた。握力とはまた違う指先の力だ。

僕が思うには、指の動き、指の腱や何かの動きが肘や肩につながっている。指先を鍛えることによって、肘や肩にも良い影響を与えることができる。抹消神経を使うことによって、すごく感覚が良くなってくるものだ。それに気がついて、手の指先や足の指先を常に動かすことを、今も続けている。

握力が強いから、肩を壊さないかというと、決してそうではない。大事なのは指先の力のようだ。僕が肩を壊さないのは、あのマッサージのおかげかなと、今でも思う。

休みなしで1時間も続けていると、指、掌、腕が今度はバンバンに張ってくる。昼は

脚で夜は腕だ。全身パンパンにバンバン。

「よし、もうええ」

あぁ、やっと終わったと思ったら、今度は、ローソクを持ってきてパッと火を点けて、

「これ、消えるまで、シャドーやっとけ」

ふたたび、皆さん信じられますか、と言いたいところだ。

タオルを握ってシャドー・ピッチング。でもこれが、なかなか消えない！

「あかん、それではアカン」と叱咤《しった》がとぶ。

「消えるまでやっとけ」。毎晩これだ。本当に鬼みたいな人だと思ったものだ。

でもその結果、1年生で甲子園に行けることになったのだから、清水さんの鬼の特訓には感謝しなければならない。

投球練習のときも「まっすぐだけでええ、コントロールがあれば変化球はいらん」と言われて、ストレートのコントロールをつけることだけに集中した。

それが夏の甲子園を目指した大阪地区の予選の最中に、カーブを教えてくれた。それで投げ始めたのだけれど、全然曲がらない。でも清水さんは「それでええんや」と言うだけだった。

その夏、ＰＬはなんとか予選に勝って甲子園へ行くわけだけれど、甲子園出場が決まった頃に「おまえ、甲子園に出たら、曲がるからな」と言われた。もちろん僕は半信半疑だった。とにかく予選では、まったく曲がらなかったカーブなのだから。

それが甲子園で投げたら、バッターがのけぞるくらいのカーブが投げられた！　なぜだかわからないけれど、すごくカーブが曲がる。みんな屈伸したりのけぞったりするようなカーブだ。「あぁ、あの何ヶ月間は、準備期間だったのだ」と、基礎練習の重要さを思い知らされた。

指も腕も脚も鍛えられていた。だから甲子園で連投しても、肩を壊さなかったのだろうと思う。いろいろな方法で、とにかく徹底的に鍛えられていたわけだ。

「お前は実力ある、よしよし」って甘やかされていたら、きっと甲子園へ行く前に壊れていたと思う。

あの頃に、基礎からみっちりと体を鍛え上げてくれたことに、本当に感謝している。

野球の頭脳的なことも、全部清水さんが教えてくれたものだ。

一緒に風呂に入る、食事をする、そういう時々に、このケースではこう、このケースではこうと、いろいろ教えてくれた。「野球には二四通りの攻め方がある」なんて教えてくれたものだ。

ランナーが1塁にいるケースで、相手のバントを殺してゲッツーを取ったのは、甲子園の金属バットの野球で、僕が一番多いのではないだろうか。それはみんなこのおじいさんのアドバイス、教えがあったからだ。

フィジカルなことも、メンタルなことも、野球人としても僕の基本は、みんなこの高校1年のときに造られた。

《目の前のことがパーフェクト》

僕はいつも、感謝しながら野球をやっている。勝っても負けても、ひとつひとつが自分を磨く砥石なのだ。だから感謝だ。

'94年のシーズンに話を戻そう。5月10日に無四球完投で、ヤクルトに勝ったあと、また連敗をしてしまう。5月17日の広島戦が2対3、22日のヤクルト戦が3対4だった。

この間の5月18日に、槙原寛己さんが広島相手に福岡ドームで、完全試合を達成する。6対0。7奪三振、わずか102球で打者27人を料理しての、見事なパーフェクト・ゲームだった。

一方の僕は連敗だ。チームも5月17日の広島戦の負けで、今季初の3連敗。22日ヤクルトに負け、今季二度目の連敗。ジャイアンツは22勝14敗で首位ではあるけれど、2位中日に詰め寄られてゲーム差は1・5。

広島戦で、打線は『20年ぶりの貧打病』と、新聞に叩かれた。最近3試合の合計で10

安打3点。僕は速球が最高146キロまで出て、8回まで2失点できたのだけれど、9回先頭打者に2塁打されて石毛君に交代。不用意な投球だった。結局その後、石毛君が金本君に決勝打を打たれた。

『好投・桑田を見殺し貧打線』と新聞は書いてくれたけれど、やはり責任は感じる。チームが連敗中で、僕も負ける。「申し訳ない」とか「悔しい」という気持ちはもちろんある。でも同時にもうひとつの気持ち、思いも持っている。

「自分のピッチングは良かったじゃないか。とくにあの場面はよかった。今回は負けたけれど、よしッ、この負けはきっと将来のプラスになる」と、いつもそういう考えを持っているのだ。プラス思考ということなのだろう。

こんなことを言うと、バカにされるかもしれないけれど、僕は何でも「ありがとうございました」なのだ。常に感謝しながら野球をやっている。

たとえば、あの中日との10・8決戦。僕はワンストライク取ったら、ボールに向かって「ありがとうございました」。ワン・アウト取れたらまた「ありがとうございました」だった。そうやってボールとお喋りし続けた。「おまえバカか」と言われるかもしれないけれど、高校時代から僕はそうなのだ。

ＰＬでは、《一球入おやしきり》という。よく《一球入魂》というけれど、同じ意味だと思っていただいていい。仏教の「南無阿弥陀仏」に当たるのが、ＰＬでは「おやしきり」だ。「おやしきりを入れる」というのが「入魂」になる。甲子園でＰＬの選手が、打席に入ったり、ランナーに出るたび、胸のあたりに手をやって一瞬祈る姿が話題になったものだが、あれがそうだ。

あの頃からずっと僕は、いつも一球入魂、つまり一球入おやしきりで、野球をやっている。だからアウトをひとつ取って、「ありがとうございました」ということになる。ヒットを打っても、「ありがとうございました」だ。感謝の気持ちというのを、僕は忘れたことがない。皆さん、へぇーと思われるだろうか。

感謝という言葉が好きだ。感謝、努力、辛抱、謙虚、みんな僕の好きな言葉だ。サインの色紙を頼まれたときは、こういう好きな言葉を書くことが多い。

僕が何にでも「ありがとうございました」と思う背景には、《目の前に起こったことは、すべてパーフェクトなのだ》という考えがある。

これもＰＬで教わった言葉だが、しっかりと日記に書いてある。たとえば嫌なことがあった。いいことがあった。何でもそれがパーフェクトなのだ。起こったこと、それはそれでパーフェクト。「何を言ってるんだかわからないよ」という、皆さんの声が聞こえてきそうだが。

たとえば、僕が忙しいのに嫁さんが病気をした。二人きりで他に看病する人もいないから、僕が看病しなきゃならない。そのとき「なんだバカやろう、病気なんかしやがって。忙しいのに看病しなきゃならない」と思うのと、「あぁ、いつも嫁さんには迷惑かけている。こうやって嫁さんが病気したときに、自分がそばに居られて良かった。ありがたいと思って看病してあげられるな」と思うのとでは、ものすごい差だ。気分的に。

だから野球でいうなら、ホームランを打たれようが、リヨナラ・ヒットを打たれようが、味方がエラーしようが、《目の前に起こったことは、すべてパーフェクトなのだ》と思っているから、絶対に怒らないし、落ち込まない。

《今を生きよ》

エラーされても、僕は絶対に怒らない。

「あッ、このエラーがありがたいんだ。これがきょうのオレの試合の、勝ちにつながるんだ」と、いつもそう考えて投げ続ける。

最後の最後までそういう考えをして、でもゲームセット。負けた。そのときに「あーあ、やっぱりあのとき」なんて思うんじゃなくて、「よしッ、きょうも自分が投げて、最後の最後まで頑張ったな。桑田真澄、よくやったな」と常に思う。

試合の日というのは、僕にとっていつもそういう一日なのだ。

《今を生きよ》

これも僕の好きな言葉。過去も未来もない。今を精一杯生きなさいということだ。

5月22日、ヤクルト戦。東京ドーム。3対4で4敗目。3勝4敗で負けが先行した。

この試合もいろいろあった。序盤で僕は2失点。

『オッ本塁クロスプレーと思った瞬間珍事が起こった』と新聞は書いた。

ランナー1、2塁で飯田君の一打はライト前へ。ダッシュした松井君がバックホーム。クロスプレーのタイミングだった。その瞬間、ボールは飯田君が投げ捨てたバットのグリップエンドに当たって反転、とんでもない方向に逸れてしまった。これで2失点。岡崎さんのホームランで、その裏に追いついたものの、7回には併殺コースの当たりを、内野がトスミスしてまた2点を失う。『ツキもなし』と新聞の見出し。

「エラーがありがたいなんて、ほんとに思えるかなぁ」という皆さんの疑問が聞こえてきそうだ。「ほんとにアタマにくることないのかなぁ」と。

実は日記に秘密がある。

僕はPLのときからずっと日記をつけ続けている。

高校時代は、ただもう野球のことだけだった。プロに入ってからは、たとえば朝何時に起きて、何を食べて、何をしたか。試合の日は、試合前どういう気持ちだったか、試合はどうだったか、終わって何を考えたか、いろいろ書く。

三年前までは、食事について細かく書いていた。何をどれだけ食べたか詳細に記録して、カロリー計算を専門家に見てもらったりもした。これは二年間ずっとやってみて、それで自分の食事のメニューを完成させた。「こんな具合に疲れたときは、こういうものを食べよう」「こういう感じのときは、あれが不足している」と、その二年間でもうバッチリ頭に入っているから、今はそんなに詳しく食事内容の記録はつけていない。

嫌なことがあったら、それも日記に書く。そして、日記に書いて終わりなのだ。だから愚痴は言わない。日記にはたくさん書くけれど、口に出しては言わない。愚痴を言うということは、「ありがたいな」と思えていない証拠だからだ。

たしかに「バカやろう」と思うことは、いっぱいある。そう日記に書くこともある。たとえば試合に負けて「あいつがエラーをした、バカやろう」と書く。でもそのあとに「あぁ、こういう気持ちじゃいけない。これはありがたいんだ。必ず僕のプラスになるんだ」と書いている。

「バカやろう」と書いて、「あ、この気持ちが試合中に出たんだ。これは僕の気持ちの持ち方のミスであり、僕の人間力の弱さだ。これを克服しないかぎり、僕はまた同じ繰り返しをするだろう。あそこであの選手に向かって、もう一本いくぞ、次のバッターもそこに打たせるから、今度は頼むぞ、そういう大きな気持ちになぜなれなかったのか」

そういう反省も書く。

「息苦しいな、まったく。もっとノビノビと、何も考えずに野球ができないものかね」と、皆さん思われるかもしれない。「そんな細かいことばっかり考えてるからダメなんじゃないの」と。

僕もそう思ってトライしてみたことがある。エラーも自分の責任、人が悪いことをしても自分の責任、すべて自分の責任にすることをやめて、みんな他の人の責任にしちゃえと思った。「あいつがエラーしたから、負けたんだよ。オレの責任じゃないよ」と。

その方が楽かなと思って、やってみた年もある。

でもちっとも楽じゃなかった。全然自分で責任を持たずに、他人のせいにばかりしたら楽だろうなと思ったのだけれど、実際にはそうではなかった。逆に、自分がちっぽけな人間に見えて、情けなくなった。これではちっとも人間力が磨けない。

それでまた、自分が生きてきた道がやはり正しかったのだと、改めてその道に戻って、さらに深く掘り下げやってきたつもりだ。

驕りの気持ちが……

やはりどこかに、驕りの気持ちがあったのだと思う。

通算100勝がかかった、6月29日の東京ドーム、対阪神戦。5勝目、6勝目、7勝目と3連勝、9回1失点で降板した4日の試合を挟んで、足掛け4連勝しての登板だった。この日は、ブルペンでは『素晴らしい球を投げていた』と堀内恒夫コーチがコメントしているように良かったし、マウンドに上がっても、自分ではけっこう良い感触を抱いていた。初回に松井君の2塁打で先行もした。ところが2回表に石嶺さんにホームランを打たれて同点、3回には長島さんに勝ち越し2ランを浴びる。結局6回を投げて、8安打5失点。後続投手もつかまって、終わってみれば4対12。

この日に絶対100勝を達成しようと思っていた。だからいつもは呼んだことがないのに、嫁さんも子供も東京ドームに呼んでいた。心に驕りが生まれた。

過去にも同じようなことがあった。1000奪三振がかかったときの試合だ。あと2個だった。これも東京ドームで阪神戦だった。やはり嫁さんを呼んだ。

「あとたった2個だ。オレはたとえKOされたって、三振が1とか0ということはまずない。だから見にきてくれ」

結果は1個！　3回か4回でノックアウトだった。

「オレは2個は絶対取れる。KOされようが、2個なんて軽く取れる」という、驕りの気持ちがやっぱり自分にはあった。その驕りがいけないと反省した。

だから100勝のときも、「驕っちゃいけない、驕っちゃいけない」と自分に言い聞かせてドームに行ったのだけれど、どこかでやはり驕っていた。「家族にいいとこ見せてやろう」と、どこかで思っていたのだろう。これが自分の浅はかさだ。偉そうに言っていても、桑田真澄はまだまだ人間力が磨けていない。

油断も試合を左右する。たとえば初回に満塁ホームランが出て、4点もらった。楽勝ペースだ。でも「桑田が投げてて、もう4点取った。きょうは4対1か2で勝てるな」ベンチにそういう気持ちが出たときは負ける。

PL時代も常にそうだった。僕が投げていて、清原君と僕が連続ホームランを打って、３、４点取った。だれもが勝つと思う。そうなるとベンチでは、もう野球以外の話題なんかも出てくる。そういうときこそ逆転されて負ける。僕と清原君が五回も甲子園に出られたというのは、そういう驕りや油断を引き締めたからだ。それを知っているから、味方が点を取れば取るほど、自分を引き締める。点差が開くほど、僕は笑顔を見せない。

とにかく感謝することと驕らないこと、そして自信を持つこと、この三位一体だ。この三つの気持ちがうまく回っていないとダメだ。不安ばっかりでもダメだし、自信を持ちすぎてもダメ。自信を持ちながら、謙虚で驕らず、しかも感謝の気持ちを持ちながら、この三つがうまく噛み合わさったときに、僕はいい野球ができる。

打たれたときも、ボールが甘いところに行ったから打たれた、という反省はまずない。「あのとき、投げる前の自分の気持ちに油断があった。どうして、もっと細心の注意を払って投げなかったのか」常にそういう反省だ。「これは打たれるわけないだろう」とバッターをなめてかかって、配球のミスをした。そういう反省だ。ド真ん中に行ったから、甘いコースに入ったから、という反省はしない。すべて自分の気持ちのミスなのだ。

それにしても、あの日は驕りがあったし、妙に力が入っていた。

というのも、実は日記に『一九九四年六月に百勝達成』と書いてあったからなのだ。あるとき日記を読み返していて、それに気づいた。

僕の日記にはいろいろな目標も書いてある。その年の目標だけではなくて、ずっと先のことも書いてある。年号の目盛りの点をポンポンと打って、たとえば何年にゴールデングラブ賞、何年に最多勝、何年に年棒いくらという具合だ。目標を持って頑張るためだ。

これは《第一感》で書く。思いついたらパッと書いてしまう。何かしらの計算はもちろん頭のどこかでしているのだろうけど、実際に書くのはあくまで第一感。

物事をよく考えて決めるのも大切だと思う。でも第一感で決めるのも、僕は素晴らしいことだと思う。要するに人生は二者択一。どっちか選択しなくちゃならない。

じゃあどっちにするか。たとえば五秒でAにした、あるいは一年かかって考えてBにしたとする。どっちが素晴らしいかというと、第一感でAにしたほうが素晴らしいと僕は思う。なぜかというと、Aが失敗したとする。でもすぐにやり直しができる。時間はある。一年かかって考えたBが失敗する。この場合は、あの一年は何だったのかということになると思う。

だから僕は第一感を大事にしている。それで失敗しても悔いはない。よし、やり直しがきく、また頑張ろうという気持ちになるのだ。

それにしても、日記に『一九九四年六月達成』と書いてあったのには、自分でも驚いた。しかも、もともとは一九九四年と書いたものに、あとで六月と書き加えてあるのだ。いつ書き込んだのかは記憶にない。この目標を達成できるのは、あの日しかなかった。

6月29日、これが最後のチャンス。これを逃したら六月達成の目標は達成不可能だ。そんなこともあって力が入ったのだと思う。驕る気持ちもあったのだと思う。

とにかく、目標を立てて、そこに向かって努力するのが、自分で好きだ。そして努力をして実現できなくても、それはそれで僕は満足なのだ。

前にも書いたように、「結果はクソ」なのだ。汚い言葉を使って、ヘンなことを言って申し訳ないけれど、結果は結果でしかない。いかに努力したかというプロセスに比べたら、それはたいしたものではないと思うのだ。大切なのは、あくまでプロセス。それは結果の上にあるものだ。

高い目標に向かって、いかに努力するか。その過程こそが、重要なのだ。

やっぱり甲子園

タイミングはパーフェクトだった。すべてはこの日につながっていたのだ。東京ドームで失敗して、100勝達成は甲子園に持ち越しになった。それが天が決めたタイミングだったのだ。

1994年7月6日、甲子園球場、対阪神戦。自信と謙虚な気持ちと、そして感謝の気持ちが、完全に噛み合ったゲームだった。味方の打線も応援してくれた。

岡崎さんのタイムリー、松井君の猛打賞などで6点。僕は7安打1失点の完投勝利。失点は亀山君の1発。1点取られての完投勝利というのが、いかにも僕らしい。これで8勝5敗。チームは45勝24敗となり、同率2位の中日、ヤクルトに9・5ゲーム差をつけた。

汗がしたたり落ちる。口の中がカラカラに渇いている。9回2死1塁、代打・岡本君、カウントは2-2。岡本君のバットが空を切った。三振！ 万感の思いを込め、全身に力をみなぎらせてのガッツポーズが出た。通算１００勝達成だ！

「やっぱり甲子園なのだ」と思った。

「あぁ、僕はこの甲子園で育ててもらった。１００勝は甲子園で達成しなさいと、神様はそういうふうにしてくれたんだ！」と。「だから先週のドームでの負けは、本当に良かった。あの負けがここにつながっているんだ。最高の舞台を用意してくれたんだ」

６月29日に負けて家に帰って、あのゲームはけっこうミスもあったのだけれど、「嫁さんも子供もせっかく呼んでいたのに、バカやろう」なんて思わずに、謙虚な気持ちで反省できたことが、この甲子園での１００勝につながったのだと思っていた。

『万感完投　桑田１００勝』『９年目いけるゾ名球会』『松井猛打賞でお祝い！』『育ててくれた甲子園で「ヨッシャ」』などの見出しが、翌日の新聞で躍っていた。

プロ野球１１１人目の１００勝だという。通算２２０登板目での達成は、ドラフト制以降では、江川卓さんの１９３試合目に次ぐスピードぶりとか。

『内容としては今季一番じゃあないかな。それにピッチングのリズムがいいから、野手の攻めを引き出せるんですよ。あの攻撃も桑田のいいリズムの結果と言えるでしょう』と長嶋監督のコメント。

プロに入ったときに立てた大目標の200勝。その半分まで来たのだ。しかも甲子園で達成できたことが、本当にうれしい。感謝の気持ちでいっぱいだ。

甲子園は僕を育ててくれた球場だ。甲子園では、野球技術を磨いてもらっただけではなく、精神的にも強くしてもらった。

7月6日も暑かった。PL時代の、夏の甲子園が思い出された。

夏の甲子園は匂いが違う。プレートを踏む。汗がポタッと落ちる。あの黒土に落ちる。そのときサーッと砂煙みたいなものが立つイメージがある。本当はそんなことはないのだろうけど、汗が落ちた足元の土から、煙みたいなものが立ち昇ってくる感じなのだ。真夏の真っ昼間の幻視なのだろうか。

ものすごい応援が、頭の中でこだましている。僕は4連投。もちろん全部完投だ。カンカン照りの下、ひとりマウンドに立っている。汗がポタッと落ちる。甲子園の土に落ちる。もう精神力だけだ。投げようと思っていても体が動かない。「よしッ、いくぞ」と思っても、下半身が動かない。精神力、それしかない。

そんな思い出の甲子園で、100勝達成しなさいということだったのだと思う。タイミングはパーフェクトだった。《目の前のことがパーフェクト》なのだ。そう思ってやっていれば、パーフェクトなタイミングで物事は開けていく。こうやって本を書けるというのも、パーフェクトなタイミングなのだ。だからこの本がたとえ一冊も売れなくても、たくさん売れたにしても、僕にとってはいま本を書けるというのが一番いいことなのだ。

高校時代に「甲子園は試験場だ」とコメントしたことを憶えている。

予選に勝って甲子園に出られたら、それで幸せ、ラッキーと、みんな思っているのだろう。それが普通だ。でも僕は、甲子園に出られるのは当たり前だと思っていた。「生意気な」と感じられるかもしれないけれど、毎日の練習や、大阪の予選を勝ち抜くというのは、僕にとっては試験勉強だった。「しっかり勉強して、試験場に来なさいよ」と、甲子園が待っている。「今回は甲子園という試験場のテストで、何点取れるか」という、ぜいたくな考え方をしていた。

今から考えてみれば、高校三年間で5回しかチャンスがなくて、その5回とも甲子園に出て、優勝2回、準優勝2回、ベストフォー1回というのは、まったく信じられない。でもその頃は、それが当たり前だと思っていた。「これだけ練習して、これだけ野球のことを研究し考えて、精神力も鍛錬して、出られないわけがない」と思っていたのだった。

甲子園という試験場で何点取れるか、それぱっかり考えていた。「ベストフォーだ、うーん70点か。優勝できた、よし100点満点だ！」そういう考えだった。

それだけにその試験勉強はすごかった。練習に休みなんてない。ずーっと練習。せめて週に一回くらい休みをなんて言おうものなら、「バカやろう、太陽に休む暇なんてあるか」と、こうなのだ。「太陽は、休もうが働こうがシンドクないだろうなぁ」と思ったものだ。

猛練習は当たり前だけれど、その試験勉強のためには、野球だけやっていたのではない。ＰＬでは《徳を積む》というのだけれど、精神修養もやった。

甲子園に向けて、春は五〇日前、夏は百日前から逆算して、お参りをする。百日祈願というのだ。いつもは朝六時半起床なのだけれど、念願のときは六時半からお参りになる。僕は五時半に起きて、まずトイレを掃除して、グラウンドの草取りをして、それから念願に行った。それが僕は嫌じゃなかった。何だかすごく楽しかった。掃除や草取りをすると、一日すごく気持ちがいい。今でも僕はトイレ掃除をする。人には「バカか」と言われるけれど、トイレ掃除や風呂掃除をすると、いい気分なのだ。

まったく不調でダメだった92年と93年のシーズンには、負ければ負けるほど、トイレの便器を磨いていた。便器磨いて練習して、風呂掃除して練習して、掃除機かけて練習して、「まだまだ足りんな」という感じだった。もちろん毎日じゃなかったけれど。

人間が小さいのか、細かすぎるのか自分でもよくわからないのだけれど、そうやって生きていくのが好きなのだ。

そんな形で《徳を積む》という教えは今も生きているわけだけれど、僕は別にPL教一辺倒というわけじゃない。PL教も好き、キリスト教にも、仏教にも好きなところがある。いいところを吸収する。それが桑田真澄のスタイルなのだ。

宗教そのものというより、信条とか哲学みたいなものを学んでいる。誰かをとくに目標にしているということではなくて、要するにいろいろなものを吸収して、桑田真澄がいかに自分の人間力を磨くかということなのだ。

でも僕だって、こんな偉そうなことを言っているけれど、朝帰りすることもある。年に何回か、うれしくて、飲めない酒を飲んで、イッキなんかをやることもある。聖人君子というわけじゃない。

「なんで、お前が投げるんや」

《無になりなさい》。あるお坊さんに言われた言葉だ。

ときどきは、お寺にお坊さんの話を聞きに行くこともある。そんな中でとくに印象に残っているのが、この言葉だ。

無になることは、とても難しい。じっと考え込んでしまった。しばらくして、自分が無になっていたときの姿に思い当たった。

僕が無の状態だったとき。それは、高校1年の夏だ。予選から甲子園、僕は無心で投げていた。

「あぁ、あれが無か」

前に書いた、清水さんというおじいさんの訓練のおかげで、一ヵ月もしないうちに、僕はメンバーに入ることができた。でも代打要員だった。

夏の大会の予選のときは、バットボーイをして、行き帰りは弁当運びをしてという、雑用係だ。試合中は、ブルペンキャッチャーをして、打った人のバットを取りに行って、バットケースに入れるバット引き。

予選の1回戦、2回戦と、PLはやっと勝った。どちらも、あと一打出たらサヨナラ負けという危ない試合だった。

正直に言うと、あの年のPL学園は、大阪で優勝するのも難しかった。それでも何とか3回戦に進んだのだけれど、投げるピッチャーがいなくなってしまった。

場所は難波の大阪球場だった。

球場に着いてメンバー発表。僕はどうせ雑用係だと思っていたから、ぼんやり聞いていたら、

「9番ピッチャー、桑田。おまえ先発しろ」

みんな「エーッ！」

僕も「エーッ!!」

予選が始まってからは、雑用で忙しくて、ピッチング練習などしていない。まさかと思った。

メンバーを発表すると、中村順司監督は「試合まで何分かある。みんなベンチの裏で

ゆっくりしとけ」と言って、いなくなってしまった。

3年生がシロい目で見る。

「あーぁ、お前のせいで、オレたちの青春は終わった」と、こうだ。

「どうしてくれるんだよ」

たしかに、これで負ければあとがない。甲子園へは行けない。その年のPL学園は、絶対的な実力があったわけではないけれど、3年生にしてみれば最後の夏だ。

僕ひとりをこっちに残して、みんな自然に向こうのほうに集まって、シロい目で見ている。僕がそっちへ行こうとすると、みんなフワーッと散ってしまう。

「近寄るなよ」という感じだった。清原君も田口君も、もちろんメンバーに入っていたのだけれど、彼らも1年生、自分のことだけで精一杯。とても僕をかばう余裕なんてない。

「おまえのせいで、オレたちはもう終わりや。なんで、おまえが投げるんや」

そんなこと言われたって！

どうしよう、どうしようと思いながら、僕だけひとりぼっちだ。せめて前の試合が早く終わればいいのに、これが延長戦。

針のむしろの時間が長い。バカやろう、早く終わってくれよ！

ブルペンで練習を始めた。でも、キャッチャーも先輩だから、ソッポを向いている。全然やる気がない。

やっと試合が始まった。

僕は何も考えずに、ただひたすら投げた。普通なら「頑張れよ」と、内野はピッチャーに声をかけてくるものだ。でも誰も僕には声をかけなかった。孤独なマウンド！

1回をビチッと抑えた！ そしたらキャッチャーがやってきて、そっと言った。

「オレは、おまえの味方や。頑張ってくれ」

オッ、さっきまでと違うな、と思った。

2回、抑えた。3回も抑えた。

ショートから「頑張れよッ」と声をかけてくれる。マウンドにもやってくる。さっきまで僕のそばに近寄ろうともしなかったのに！ サードもきた。セカンドもきた。

5回を抑えてベンチに戻ったら、みんなが「頑張れ、頑張れ。ナイスピッチング」だ。

シャットアウト！ 結局その試合を僕は完封した。

あとの試合も僕が投げて、ＰＬは甲子園出場を果たすことになる。

ベンチのメンバーには17人しか入れなかった。僕は最後の最後、17番だった。

実はこの17番が注目の的だったのだ。

3年生はもちろん2年生も、何とかメンバーに入りたい。でもこの年は、誰もが実力を認めていた清原君と田口君という、大きな1年生がいたから、始めから上級生二人が削られていた。でも清原君と田口君には3年生も文句を言わない。言えないのだ。そこで最後の夏の、最後の一人に期待していた3年生が多かった。

なのに僕が選ばれた。1年生に三つも席を奪われた。そこでイジメだ。

「なんで、おまえがメンバーに入るんや。ちゃっと部屋に来い」と、メンバーに入れなかった人からイジメられた。正座させられて、説教だ。

ところが、3回戦で僕がシャットアウトして、次の試合にも勝って、いよいよ甲子園出場が決まったら、みんなコロッと変わった。

あの夏が分岐点だった

今考えても、あの夏は何か不思議な感じがする。

あのとき、あの3回戦に投げていなかったら、どうなっていたか本当にわからない。また気持ちのいいことに、2年生のときも3年生のときも、同じ大阪球場で、同じ日に予選の試合があった。これがまた完封か、完封じゃなくてもいいピッチングができている。しかも、いつもいい天気だった。

プロに入って、オープン戦で大阪球場に行ったときなど、その思い出がいっぱい蘇ってきて、とてもうれしかったものだ。大阪球場と聞くと、高校1年のそのデビューのことが、パッと浮かんでくる。あれが僕の分岐点だった。

あとで「誰が先発を選んだんですか」と聞いてみたのだけれど、僕のデビューを演出したのは、やはり清水さんだった。清水さんが中村監督に「あいつに投げさせろ」と言ってくれたのだそうだ。「オレのクビをかけてもいいから、あいつに投げさせろ」と。

清水さんは忙しい人で、いつもコーチに来れるわけではなかったけれど、甲子園行きが決まったら、また毎日のように来てくれて、前に書いたようにビシビシやられた。カーブもその頃に教えてくれたが、僕のはいわゆるしょんべんカーブというやつで、ちっとも曲がらない。それが清水さんの言う通り、甲子園で投げたらものすごく曲がったのだ。

速球とこのカーブを武器に、1年生エース桑田真澄は、あの夏、衝撃的な甲子園デビューを飾ったわけだ。

僕が投げ、清原君が打って、PL学園は、準決勝で蔦監督の池田高校に勝ち、決勝で横浜商業を破って、日本一になった。

僕は1年生にして、高校選抜の日本代表にも選ばれた。

こういうことを経験しながら、ずっと野球を続けてくることができたので、甲子園には、「行かせてもらった」、野球は「させてもらっている」という気持ちになる。それ以外に考えようがない。

何度も言うように、甲子園に5回も出た。そこで優勝2回、準優勝2回、ベストフォー1回、通算して20勝もできた。自分がやったというより、天の神様か誰かがさせてくれたとしか思えない。不思議な気持ちだ。すべては、あの夏に始まったのだった。

清水さんはいろいろ事情もあって、次第にコーチには来れなくなった。でも甲子園の予選の頃になると、必ずやってきてくれた。正式なコーチではなく、ユニフォームは着られなくても、必ずどこからか見ていてくれて、「真澄、それは違う」とか、「オレが教えた通りにやれ」と、チェックしてくれる。

バッティングについても、そうだった。エースになってからの僕は、普段まったくバッティングの練習をしていなかった。大会が近づいて初めてバットを握るのだから、やはりおかしいところがある。そんなときも「一カ所だけや、直すとこは。ここだけや」と清水さんにチェックしてもらうと、もう安心できた。

そして大会になると、ボンボン打てる。ホームランも出る。そんな具合だった。

その清水さんが、僕たちの最後の夏に、甲子園に来ない。全然連絡も取れない。予選には来れなくても、甲子園のスタンドには必ず姿を見せる人なのに。

実は、交通事故だったのだ。追突事故。助手席に乗っていた清水さんは、フロントガラスを破って飛び出し、前の車にぶつかって落ちて、そのまま両方の車に挟まれたという、悲惨な事故だった。集中治療室で家族の人が、もう諦めてくださいと言われたほどだったという。そのまま寝たきりになってしまった。何も喋らず、ただ寝ているだけの状態。

息子さんがせめて好きな野球を見せてあげようと、病室で僕が投げた甲子園のビデオをずっとかけていたという。一ヵ月ほどたったある日のこと。それまでひと言も喋らなかった清水さんが、そのビデオを見ながら突然、

「あッ、フォームがくるっとる」と言ったのだそうだ。

そして、それまでまったく寝たきりだったのが、ビデオを見ているうちに動きだして、「これは行って言うたらなあかん。真澄のフォームがくるっとる」などと言って、やがて回復してしまった。

清水さんは今も元気にしておられる。

こういう人のおかげで、僕はここにいられるわけだ。

あの夏を思い出して、今もまた無になろう無になろうと努力している。無になるための努力をする。それがまた楽しい。

いろいろな人に、いろいろな事を教えられて、ここまで来れたという感じなのだ。

40歳まで投げる！

斎藤雅樹さんは、「ミスター完封」。

桑田真澄は、「ミスター1点完投」だ。

中4日でマウンドに登った、7月31日の対ヤクルト戦。6安打1失点の完投勝利。打線も爆発し、グラッデンが2発、蘇った原さんが連夜の4号ホームラン、松井君も復活して猛打賞、17安打で9点も取ってくれた。

僕はこれで10勝目。二年ぶりの二ケタ勝ち星だ。

いつもより低めにかまえてくれた村田さんのミットに、速球が決まった。自己最速の150キロが出たという。『クワタ・エクスプレス』と新聞は書いていた。

でも僕は、もともとあまりスピードそのものは気にしていない。やっぱりキレとコントロールだ。そしてバランスだと思う。この試合も、バランスの良い投球内容だった。

斎藤さんは、ミスター完封だ。そして僕は、ミスター1点完投勝利投手なのだ。

この日も、5回に代打の荒井さんに1発を打ち込まれた。典型的なパターンだ。これは、まだまだ自分が甘いという証拠なのだ。

本当に僕は1失点完投が多い。

94年のシーズンだけ見ても、3勝目がヤクルトに7対1、6勝目が阪神に2対1、8勝目、通算100勝目が阪神に6対1、この日が10勝目で9対1、このあとも13勝目が阪神に5対1の完投勝利だ。負け試合でも、10敗目の横浜戦が0対1、11敗目の中日戦も0対1、6月4日の横浜戦では、足首をひねって降板したけれど、9回まで1失点だった。延長11回に、大久保さんのあのサヨナラ・ホーマーが飛び出した試合だ。

7月31日の試合では、味方の打線がいっぱい得点してくれたけれど、このところジャイアンツは打てない。もう四、五年、そう言われている。たしかに僕自身も「何やってるのよ」と思ったことがある。

でも逆に考えれば、これもまた感謝なのだ。皮肉でも何でもない。だからこそ、僕たち投手陣が育つのだ。僕はそう思っている。一般に打撃が売りのチームというのは、ピッチャーが悪い。いや、悪いのじゃなくて、自然にそうなってしまうのだろう。マウンドでの責任感も違うだろうし。

はっきり言って、ジャイアンツの主力選手でも、2点取ったら、これでもういいだろうという考えの人が多い。「桑田、2点ありゃ、充分だろう」と言う。

今の野球で、わずか2点でどうなりますか！

さすがに僕もカチンとくるけれど、僕のことをそれくらいに思ってくれているというのは、すごくありがたいことでもある。そこで「なんだ2点くらいで偉そうに。5点くらい取ってみぃ」と思うのと、「ありがたいな、それだけ投手陣を信用してくれているのか」と受け取って、ありがたいと思えるかどうかの差なんだと思う。

それにしても、パーフェクトな試合なんて、ほんとにないものだ。勝っても負けても、まだまだだと自分では思う。そう思って自分を磨くしかない。

僕は、40歳まで、現役のピッチャーでいたい。

ただし、40歳でも、今の球速で投げられるという前提での、現役投手だ。不可能なはずはないと思う。

10勝目の試合ではたしかにスピードが出ていた。でも本当に大切なのは、スピードそのものよりも、キレとコントロールとバランスだ。スピードは出れば出るにこしたことはないけれど、コンディショニングをきちんとして、バランスよく投げれば、いつまでもそれだけのボールが、投げられると思うのだ。トレーニングを積んで、節制さえすれば、40歳でも今の投球内容を、維持できると思っている。

そんなバカな、と言われるかもしれないけれど、メジャーリーグには現実にそういう投手がいるし、僕はそういう目標を持ってやっている。40歳でも140キロの球を投げる。コントロールにしてもキレにしても、40歳でもいいものを出してみせる。トレーニングをして、節制すれば、きっとできると信じている。トレーニングの本を読み、いろいろなものにトライしているのは、そのためなのだ。

40歳まで現役でやりたいとはいっても、35歳になってから、さあ準備しようとしても、それは無理だ。20歳代のこの一〇年間で造り上げて、デポジットしておかなければダメなのだ。そういう意味でも、プロに入ってからの一〇年間は準備期間だと、僕は言っているわけだ。

今までは準備期間だ。この間に、理想の投手像を完成させて、それからいよいよ全盛期に入る。そして40歳までそれを持続させるのだ。それが僕の目標だ。

シーズン中は、昼まで寝ている選手がほとんどだろう。でも僕は、ナイターのあとでも、毎朝八時半には起きて、散歩して、ご飯を食べて、部屋を片づけたり、日記とか書き物なんかもして、ジムに行って、それから球場へ練習に行ったり、ゲームに行ったり、そういうパターンを守っている。夜はとくに何もなければ、零時までには寝る。

遠征に行っても、スポーツクラブを見つけておいて、必ずそこへ行って体を動かす。暇があれば、美術館に行って芸術作品を観賞したり、本を読む。人生は死ぬまで勉強だと思う。節制と勉強、これは一生続けなきゃいけないと思っている。本を読むことによって、漢字も勉強できる。遠征にもちゃんと辞書を持参する。外国人選手がいるから、英語も勉強できる。だいたい僕は英語が好きだし。

野球選手にできることを考えてみると、遠征が多いからその間に読書ができるというのがひとつ。二つ目が英語の勉強ができること。そしてトレーニングや野球の研究をすること。この三つが、野球選手にできることだと思う。

それを僕はいつもやっている。

《人生は野球なり》

意識していなかったから、記録が作れたのだ。

8月13日、東京ドーム、対阪神戦、4対0。165球、今季初完封だ。

しかも毎回の奪三振16。毎回の奪三振は初めてのことだ。

9回2死1塁、バッターは真弓さん。カウント2-0。得意のサンダーボールを投げ込む。空振りだ！　やった、完封!!「ウォー」と叫んでいた。9回は3三振だ。

「おめでとう」ゲームが終わって、堀内コーチが声をかけてくれた。

「ありがとうございます」

「おい、何だか知ってるのか?」

「いやぁ、完封でしょう?」と僕。

「バカだなぁ。16奪三振、セリーグ・タイ記録だぞ！」

「えっ、ほんとですか!?」

新聞の大きな見出しは、

『奪三振16、セ・タイだ毎回だ、桑田初づくし完封』とある。『必殺のフォーク』とか『連勝呼ぶ165球』の文字も見える。『スコアブックを見ればKの山。カーブでまず1三振。速球で5。フォークボールで10』だったのだそうだ。

堀内さんに言われるまで、記録のことは全然知らなかった。

セリーグ記録がいくつなのかも知らなかった。それでも、前日にはオリックスの野田君が、日本タイ記録の17奪三振をしたと新聞に出ていたのは覚えている。僕はいつもスポーツ新聞をほとんど読まない。自分のことが出ていようが、どうしようが全然気にならない。

今回のこの本を書くのに、報知新聞の縮刷版を見せてもらって、へぇこんなことが書いてあったのかと驚いている始末だ。

セリーグ記録なんて、まったく知らなかった。知っていたらおそらく、9回の3三振はできなかったことだろう。意識したらダメなものだ。

過去にいろいろなことがあった。8回か9回まで無失点できた。2アウト、2ストライク1ボール。「よし三振取ってやるか」そう思ったとたんに、ボール、ボールだ。フォアボール出したくないなぁと思いながら、ヒューッと投げたら、コーンとホームラン！それでシャットアウトを逃す。そういうものだ。

僕は三振を、狙って取りにいかない。取りにいかないよう、自分に言い聞かせている。このバッターには、こう攻めようと一度思ったら、そこに投げる。最初に思った攻め方でパッと投げる。《第一感を忘れるな》なのだ。

ベストを尽くした結果が三振ならば、それはそれでいいけれど、意識して三振を取りにはいかない。第一感でパッと投げて、思った通りのところにボールが行って、それでカーンと打たれてもしょうがないと思う。反対に、思ったところに行かなくても、三振してくれることもある。これがまた野球の面白いところだ。いい当たりでも、野手の正面ならアウト。バットがぐしゃっと折れて、ボヨーンと飛んでも、ヒットになることもある。

人生と同じだ。まったく《人生は野球なり》なのだ。

良いことばかりしているのに、なぜか損ばっかりする人もあるし、ちゃらんぽらんにしている人が、いい思いばっかりするというときもある。

野球も同じようなものだ。

《大局に立って、ものを見ろ》

審判に合わせていくのも、いいピッチャーの条件だ。

8月26日、横浜球場、対横浜戦。3試合連続の完投を果たしたものの、味方の得点は典型的なスミ1。僕自身3打数2安打を打ったのだけれど、打線の援護なく1対4で負け。

『桑田　孤軍完投』と新聞の見出し。

この試合は、味方の援護がなかったのもさることながら、審判の判定との戦いも勝敗を分けた。

1回は7球で3者凡退に片づけたのだけれど、2回からは横浜の打線との戦いに加えて、球審のストライク、ボールの判定とも戦わねばならなかった。何度もリズムを狂わされそうになったけれど、何とか気力のピッチングで、最後まで投げ切った。でも4失点を喫して7敗目。

厳しい判定だった。でも僕は絶対に審判に文句は言わない。

この日の球審は、まだ経験の浅いK審判。

でも、どんな審判にでも合わせられなかったら、ピッチャーの負けだ。審判は一人一人みんな癖がある。低めを取る人、外側を取る人、いろいろだ。その審判の癖に合わせていくというのも、優れたピッチャーの条件なのだと思う。

だから僕は審判に、ストライク・ゾーンが「低いなぁ」とか「外だなぁ」とか絶対に言わない。打席に立ったときに「あれは入ってたでしょう」なんてことも言わない。審判のジャッジは常に正しいのだから、その審判に合わせられなかったら、自分がダメなのだ。そこでまた、「自分を磨け」と僕は思うことにしている。

『桑田は責められないよ。あれだけアウトコースにきっちり投げられる投手が、ああいう判定をされたらかわいそうだよ』と、堀内コーチはかばってくれた。

本当のことを言えば、この日は悔しかった。

今までどの球審でも、ストライクを取ってくれた球が、全部ボールになった。ボール半分か1個かという、ぎりぎりのところで、僕たちは試合をしている。

相手もプロだから、1個分違えばこれは打てる。各バッターと僕は、何十回も対戦しているのだから、どの速さで、どう攻めてくるか、相手はみんなわかっている。ボール半分、入れるか外すかだけの技術の戦いだ。

そこでいいかげんな判定を下されたら、勝負のしようがなくなるのは事実だ。それでも、球審に合わせられなかったら、やっぱり自分がダメなのだ。

ここから僕は、3連敗することになる。

9月2日、甲子園球場、対阪神戦。

サンダーボールが快調で、よく落ちた。カーブにキレがある。速球のコントロールは、いわゆる針の穴をも通すというやつ。7回まで2安打無失点、2塁を踏ませなかった。ところが8回、あれよあれよという間に3失点、逆転を許してしまった。結果は2対3で8敗目。

『巨人危うし』。新聞の見出しが躍った。

『18年ぶり7連敗』『コイ猛追3差』とある。貧打が続いていた。追加点が取れない。でも、連敗ストッパーの役目を果たせなかった僕にも、責任がある。

連勝もあれば連敗もある。山あり谷あり。いろいろなトラブルがあっても、それが要するに自分を磨く砥石なんだと思って、試行錯誤をしながら乗り越えて行く。あらゆることが、僕を磨いてくれるのだ。

毎年15勝2敗くらいの人もいる。一方10勝12敗の人もいる。どんなに頑張っても、負け数のほうが多くて、それを抜け出せない人がいる。でもトータルすれば、大差ないと僕は思う。

また変なことを言い出したぞ、と思われるかもしれない。

防御率はめちゃくちゃ悪いけれど、20近く勝つ投手がいる。二年連続して最多勝を取る。素晴らしいことだ。でも野球人生を終えてみたら、トータルではそんなに差がないと思う。その人の一生の仕事量としては、そんなに差がないと思うのだ。

桑田真澄がどれだけできるかというのは、あらかじめ決まっているのだ。そこからちょっと先へ行くか、ちょっと手前で終わるかというのは、僕がどれだけ努力したか、その差でしかない。

だから今のことだけ、目先の結果だけにこだわることはない。地道に努力をして、あらかじめ決まっているところのちょっと先に行く人が、僕は好きだし、自分もそうしたいと願っている。

《目先のことにこだわらないで、大局に立ってものを見ろ》なのだ。

これも日記に書いてある。《大物は、目先にこだわらない》とも。こんなことばっかり日記に書いて、バカみたいですね、僕って。

9月9日、東京ドーム、対広島戦。セ・リーグ首位攻防戦の第1ラウンドだ。勝負は4回に決着がついてしまった。僕の調子自体は、そんなに悪くはなかった。

しかし4回の判定をめぐるトラブルが痛かった。

1対1の同点で迎えた4回表、無死1塁から江藤君が放った3塁線の一打が、ヒットと判定され2塁打になった。3塁塁審・K（またしても彼だ）のフェアの判定に、長嶋監督がファウルだと猛然と抗議。試合は中断した。

試合再開後、満塁から音さんにタイムリー2塁打を浴びて、一挙に3失点。12試合連続一ケタ安打の『極貧打線』に、はね返す力はなく、僕が降板したあとも、赤ヘルの猛攻は続き、結局1対10のKO負けだ。

あれは完全なファウルだった。

でも判定はひっくり返らない。ここが野球の面白いところだ。

相撲ならビデオをチェックして取り直しというのがあるし、テニスではフォルトだとブザーが鳴るし、線審がミスをしても、主審のオーバーコールでジャッジが変わることもある。でも野球は審判が絶対だ。だから結果的に、人生に似て、面白いことになる。人生にもあるじゃないですか。悪いことをしてお金を儲ける人もいるし、真面目にやってるのに、なぜか変なことに巻き込まれて捕まっちゃったりする人がいる。そういうものだ。だから塁審の判定は、あれはあれでいいということになる。

もしあの試合について反省するとしたら、朝起きて、どういう気持ちで球場に行ったか。大事な試合だということはわかっているのだから、車の中でちょっと驕りの気持ちがなかったたか。練習に、足りないものはなかったかどうか、そういうことだ。

そして結果的にみれば、この3連敗があったからこそ、最後の最後に勝てたのだ。こういう試合に耐えたからこそ、あのドラマチックなラストシーンが、長嶋監督を待っていたのだと思う。

《大局に立って、ものを見ろ》なのだ。

努力している自分が好きだ

連敗で磨かれた成果が、13勝目となって出た。

9月18日、東京ドーム、対阪神戦。立ち上がりを攻められ、石嶺さんにタイムリーを打たれた早々に1失点。ブルペンの調子も良くなかった。ここでマイナス思考になったら、完全にやられる。前夜9回裏に、大久保さんの涙のサヨナラ・ホームランがあった。その勢いを壊したくない。

よしッ、9回まで頑張ろう。この1失点で止めて9回を投げ抜き、オレは勝つ。勝利したときのイメージ、笑顔の監督と握手している。チームメイトと抱き合っている。そんなイメージを頭の中に描いて頑張ろう。そう思った。

1回裏に早くも味方が、原さんの3ラン・ホーマーなどで、4点を取って援護してくれた。さあ行くぞ。気持ちを引き締めて一球に集中する。2回には追加点も取ってくれた。2回以降は2塁を踏ませなかった。完璧な投球内容だった。被安打5、4者連続三振を含む12奪三振で完投。イメージ通り、スミ1で抑え切った。5対1。得意の1失点完投勝利だ。典型的な僕の勝ち方だった。13勝目だ。チーム66勝55敗で、優勝マジックは7。

ナインの握手攻めのあと、長嶋監督が『なあ、まだ投げられるだろ。よしよし、まだいけるよ』。この日の投球数は121球。もちろん、まだまだ余力があった。

僕はたとえ延長15回になっても、投げぬくスタミナがあるし、変わらない球速で投げられる。それくらい鍛えておくのが、プロの務めだと思う。

誤解をおそれずに言ってしまえば、野球は楽なスポーツだ。

野球選手は、他のスポーツ、サッカーとかバレー、バスケットの選手に比べれば、楽だと思う。それだけに、技術だけでできてしまう部分も多いから、とにかく基礎体力を身につけることを、おろそかにしがちだ。でも僕は、常に基礎体力のレベルを上げていくという気持ちを、持たなければならないと思っている。

練習でも、ピッチャーだからといって、投球だけが練習じゃないと思う。だから守備もする、外野でボールを受けることもする。すすんでいろいろな練習をしている。

『孤軍奮投……寂しい18番』スポーツ新聞らしく奮闘が奮投になっている。

9月23日、横浜球場、対横浜戦。貧打・巨人の復活だ。わずか4安打でゼロ行進。さすがの長嶋監督も『打てんなぁ……』とため息だ。

僕は闘志むき出しで、しかも細心に投球した。9回2死まで、2塁を踏ませなかったのだけれど、最後の最後に3連続ヒットを浴びて、サヨナラ負け。0対1。

『桑田一人で横浜九人と戦って、なおかつ勝てというのは酷な注文だ』と、報知新聞の柏英樹さんは書いている。『かわいそうな桑田』と、新聞に同情されてもしかたがない。

でも、これも自分の気のゆるみだ。何とはなしにランナーを出して、最後にローズに左中間に打たれた。甘いボールを投げてしまった。「ここはワンバウンドでいいんだぞ」という気持ちで、どうして投げられなかったのか。

この123球目までは、1球たりともミスは許されないという緊張感を保って投げていたのに、最後の最後に何気なくスーッと投げてしまったのだ。

「あぁ、もう負けてもいいや」という気持ちではなかったのだけれど、もっと強い気持ちを持てなかった。なぜあそこで、もっとポジティブに考えられなかったのかな、という反省がある。

何となく、流されそうなときというのがあるものだ。マウンドに立っていると、ゲームの揺れ、流れ、そういうものがわかる。

チャンスがあるのに点が取れない。ピンチだけれど頑張っている。いろいろな動きがある。「何やってる、今だ、流れはこっちに来ている」「向こうに揺れている、ここで頑張るんだ」そういうものが、僕にはすごく見える。全然見えないときも、もちろんある。見えるときにはピンとくる。だから味方の気流がいいときには、僕もガンガン攻めていく。悪いなと感じたら、細心の注意を払ってピッチングをしている。

この横浜戦は、細心の投球の例だったのだけれど、最後にゆるみが出てしまった。

結局、自分が甘かったということだ。あそこでキチッと0点で抑えておけば、延長で味方が点を取って勝てたかもしれない。それが、もうひと踏んばりできなかった。だからもっともっと練習しなきゃいけないということなのだ。

いいときも悪いときも、常に練習、努力しかない。

努力している自分が、僕はすごく好きだ。

結果は天がくれる

自分はとにかく頑張るしかない。いつもそう思っている。

首位攻防の天王山。相手は中日だ。

ヒタヒタと連勝で、巨人に迫ってきた。ナゴヤ球場には、台風も迫っていた。

9月28日。マウンドに立つと、風雨がひどい。

初回、2アウト、3番立浪君。その立浪君が打った瞬間、僕はマウンドを降りていた。レフトフライだと信じていたのだ。完全に打ち取ったと。

フッと振り返ると、グラッデンがバックしている。「おい、おい、おい」と見ているうちに、そのままスタンドに入ってしまった。「ウソだろう!」

立浪君はバットに当てただけだった。それが風に乗って、フワーッとスタンド入りだ。

台風26号のいたずらだった。

チェンジになって、味方の攻撃になったら、ピタッと雨も風も止んだ。2回に僕がマウンドに行くと、また雨がパラパラ降ってくる。それ以降は雨もほとんど止んだのだけれど、味方の打線は湿りっぱなし。再三チャンスはくるのに、決定打が出ない。初回の1点が重い。典型的なスミ1で0対1。

3試合連続で得意の1失点完投とは言っても、味方が0では勝てない。僕は無念の11敗目。チームは4連敗で66勝59敗となり、なんと7連勝の中日に並ばれた。最大10・5ゲーム差があったのに、猛追してきた中日に、ついに首位に並ばれてしまったのだ。

しかし翌日に予定されていた、天王山の第2ラウンドは、台風の接近によって中止。首位決戦は持ち越しだ。こうして、ペナントレースの最終日に、巨・竜が対決することになる。あの10・8決戦だ。

もう負けられない。

決戦前に残ったのは、すべてヤクルト戦。

ジャイアンツは連勝して、3戦目に僕の登板が回ってきた。

10月5日、神宮球場。慎重に投げ始めた。快調だ。3回まで6奪三振。4回に味方の打線が爆発した。まず原さんが先制の3ラン・ホーマー。村田さん、グラッデンも続いて、何と1イニング3発。結局打者一巡の12人の猛攻で一挙に6点も取ってくれたのだ。僕にとっては26イニングスぶりの援護だった。

8回まで、奪った三振は11個。今季通算181個になって、奪三振王のタイトルを確定的にした。実は、まわりに言われて初めて知った。(最終的な記録は185奪三振)

8回2死までは、ノーヒットノーランだった。これは気づいていた。

そして、意識してしまったらしい。

2アウトを取った。続く荒井さんにも、ポンポンとストライクを取ってカウントは2―1。実は三振を取りにいった。三振はあくまでも結果といいながらも、ときどきこういうことをやってしまうのだ、僕も。まだまだ反省しなきゃならない。

あとでビデオを見てみると、キャッチャーのサインに首を振って、明らかに力みまくっていた。あれが僕のいけないところだ。

そこで「よし、もう1球、サンダーボール。ワンバウンドの球を投げてやる。バッターは追い込まれているから、手を出してくる」そういう気持ちになれなかったのが、いけなかったのだ。「三振取ってやる、三振取ってやる」と、力んでしまった。

あの荒井さんに投じた1球が、ヒットになって、記録を逃すことになる。でもこのゲームの大きな目標は、勝つことだったから、勝てたことは良かった。6対0の快勝だった。

しかし「今度は気をつけなければいけない」という反省は、日記に書いた。

ノーヒットノーランを逃したけれど、完封、せめて完投したいという気持ちは、もちろんあったのだけれど、中2日で10・8決戦にも投げるつもりだったから、堀内コーチの指示通り、9回から橋本君にマウンドを譲った。

『8回2死までノーヒットノーラン　凄いぜ』

『桑田14勝　気迫100球11K！　奪三振王決定!!』と新聞の見出しは派手だった。

荒井さんに投じた1球は、反省材料だけれど、ノーヒットノーランができなかったことは、全然悔しくない。

結果は天が、神様か、宇宙の調和をつかさどっている存在か何かは知らないけれど、そういうものがくれるものだと思っている。自分が取るものでも何でもない。自分は頑張るしかない。ノーヒットノーランとか、完全試合とかは運だと思うのだ。運しかない。

それは天がくれるものだ。

「しびれるところで、いくぞ」

「しびれるところで、いくぞ」と、長嶋監督が言った。

国民的行事と長嶋監督が自ら命名した、あの10・8決戦の前夜のことだ。

僕は監督の部屋に呼ばれた。シーズン中にはなかったことだ。そしてまず、「しびれるところで、いくぞ」のひと言。それから、

「初回から用意しておいてくれ」

「いつでも、大丈夫です」と僕。それだけで別れた。

この夜、僕はもう何も考えなかった。

こういう舞台に出るチャンスがある。「こんなにありがたいことはないな」とそれだけだった。しびれる場面での登板。こんなにうれしいことはない。これでまた自分を磨くことができる。

「あしたは自分が培ってきた、野球の技術なり、気迫なり、桑田真澄の野球というもの

を出そうじゃないか」そう思ってスパッと寝た。

僕はどんな試合の前でも、寝つけないということがない。スパッといつも寝られる。僕の特技のひとつだ。翌日の試合のことを考えることもあるけれど、「よし、あしたはベストを尽くそう」これで終わりだ。

10月8日、ナゴヤ球場。

ペナントレースの最終戦、130試合目だ。巨人、中日ともに69勝60敗、同率の首位。どちらか70勝を挙げたほうが優勝という、歴史的な一戦になった。

長嶋監督は、投手三本柱を投入すると公言していたから、僕は三番手、終盤の3回だろうなとは思っていた。そこにしびれる場面がくる。

球場は異様な雰囲気に包まれていた。

2回に、4番の意地を見せた落合さんの先制の15号ホームランなどで2点先行。しかし先発の槙原さんが、その裏4連打で同点にされ、マウンドを降りた。

「これは、早い回に代わるかもしれないぞ」と思った。二番手の斎藤さんは、シーズン後半に調子を落としていたから、「ひょっとすると、5回くらいから出番が」という感じもあった。

そこでピッチング練習に熱を入れたのだけれど、ブルペンに行ったら、もう体はバリバリ。甲子園では4連投も5連投も経験している。中2日くらいは何ともない、と思うのだけれど、体が動かない。

「これはもう、気持ちで投げるしかない！」

しかし、斎藤さんが中日の流れを止めた。3回にも、落合さんの勝ち越しタイムリーが出た。緊迫した中にも、味方の〝勢い〟が感じられる。

その裏、アクシデントが起こる。きょうのリードオフマンの落合さんが、打球を処理しようとして、左太股の付け根を痛めたのだ。結局落合さんは、4回から退場してしまった。日本シリーズまで尾を引く、深刻な怪我だった。

しかし、ジャイアンツの〝勢い〟は断たれなかった。

4回には、村田さんとコトーの1発、5回には、松井君の特大20号アーチが出て、中日を突き放す。斎藤さんも、巧みなピッチングで、6回の1失点に抑えた。

試合前に涙が出た。

なぜだかわからないのだけれど、涙が止まらなかった。

考えてみれば、本当にいろいろなことがあった。ドラフトに始まって、謹慎もあったし、家も財産も失ったとか、優勝を逸した主犯にされたりとか。そんなことがあって、いま自分がこうしてこの球場に立っていて、これだけの人が応援してくれている。心底から幸せだなぁと思った。これまでに相手のファンはもちろん、ジャイアンツのファンにも、僕は何度もヤジられたことがある。

でも、'94年のシーズン、とくにあの日は違った。練習が終わってレフト側に来ると、お客さんがみんな、僕に声をかけてくれた。レフト側だけじゃなかった。あの日はライト側からも聞こえた。

それも、泣きながらだ！

「桑田、頼んだぞ！　桑田!!」

「おまえしかいない！　桑田、頼むぞッ！」

そう言って、みんな泣いているのだ。それを聞いたら、僕ももう涙がボロボロだった。人前で泣くことなんてない僕なのに、涙が止まらない。

「バカやろう。何だよこれは！　何だよこの涙は！」

15分くらい涙が出て、涙が出て止まらなかった。「おかしいなぁ、なんで涙が出るんだろう」と思いながら、ずっと泣いていた。五年分くらい泣いた。このときたくさん泣いたから、試合が終わったあとには、涙が全然出なかった。出たのは、笑顔だけだった。

涙を流しながら、僕は思っていた。

「よしッ、きょうはオレが投げるんじゃない。この球場にいる人、テレビ、ラジオを通じて応援してくれている、全国の巨人ファンが、オレの体を使って、きょうは試合をするんだ。マウンドに上がったら、第一感を信じて、第一感で投げよう」

そして7回に、しびれる場面がやってきた。

「みんながオレについている。何も恐れるものはない」という気持ちで、マウンドに向かった。でも正直に言うと、怖かった。あんな場面で出て行くのは、心底怖い。狭いナゴヤ球場、強力打線、3点差、しかも僕の体は、疲れでバリバリ、たとえ5点差あっても怖い、あの場面は。

まさに「しびれる場面」だった。

1球ごとに、ボールとお喋りしながら投げた。

前にも書いたように、この日は、ワン・ストライク取るごとに、ボールに「ありがとうございました」と言っていた。「ありがとうございました」と言い続けた。

7回を抑えた。8回裏、3番立浪君、9月28日には、風に乗った彼の1発にやられた。

いわば立浪君と台風が、この10・8決戦を演出したのだった。気力を充実させて、このPLの後輩との対決にのぞんだ。

僕の配球は完璧だった。カウント2-1。ストライクは外側で取った。立浪君はシュートかフォークで、僕がもう1球、アウトコースに投げると読んでいたはずだ。その裏をかいて、インサイドにストレートを思い切り投げ込んだ。

低めの完璧な球だった。

あれは、普通のシーズン中なら、完全に三振するボールだ。彼が間違いなく空振りするコースだった。それを、かろうじてバットの根っこに当てた。

シーズン中だったら、絶対に当たっていない。あれがPL魂だ。

打球はボテボテと3塁前へ。立浪君は必死の形相で、1塁ベースにヘッドスライディングだ！　内野安打。立浪君の執念を見せつけられた。打ててうれしかっただろうと思う。

しかし、ヘッドスライディングしたときに、右肩を強打して脱臼。退場してしまった。

僕は感動した。

「おぅ、立浪、ようやったな！　それがPL魂だ」

そして、彼を見て僕は燃えた。「よし、おまえのためにも、オレは勝つ」と思った。レベルの高い野球をやりたいと、いつも僕は思っている。だからそういうプレーを見せられたら、僕は敵にも感動できる。そしてさらにその上をいこうと思う。そこで「おまえのためにも、オレは勝つ」なのだ。

しかし、感動なんかしている場合じゃなかった。

ノーアウト1塁で、4番、5番を迎えるわけだから、感動どころじゃない。冷静に考えたら、僕もバカみたいだ。大豊さんを抑え、パウエルには四球。暴投もあって、1死1、3塁だ。ここが踏んばりどころだぞと、自分に言い聞かせた。

続く仁村さん、彦野さんを打ち取って、何とか反撃のチャンスを封じた。

「監督！もう一回、やりますよ！」

それは信頼関係だ。

ピッチャーとキャッチャーをつなぐものは、信頼関係しかない。

'94年の村田真一さんとのコンビは、最高だった。村田さんは、配球のサインも自信を持って出してくれた。前の年までは、「桑田、こうか？頼むで、これか？どれや、これか？」という感じだったのが、昨シーズンは、「桑田、これだ！」「ちがうのか？じゃあ、これだろう」という感じ。自信を持ってサインを出していた。

「わぁ、変わったなぁ村田さん！」と思ったものだ。

あの人は、打たれても絶対にピッチャーのせいにしない。

打たれたら、キャッチャーはベンチに帰って怒られる。たとえば、村田さんがボールにしろとサインを出したのに、僕がど真ん中に投げて打たれた。当然ベンチでは怒られる。キャッチャーとしては「僕はこうやって、ボールのサインを出したのに、あいつが真ん中に投げたから、打たれたんですよ」と、普通なら言いたいところだ。

でもあの人は、黙って叱られているのだ。絶対にピッチャーのせいにしない。僕はそういう人が好きだから、ますます信頼関係が強くなる。

10・8決戦も、いよいよ大詰め、9回になった。

先頭打者の中村さんを3塁ゴロ、代打・前原君をピッチャーゴロに打ち取る。ベンチではもう、みんな立ち上がっている。飛び出す体勢になっている者もいる。続く清水さんには、うまくライト前に運ばれた。次のバッターは小森君。きょうは前半で2安打を放っている。

カウント2-1。村田さんのサインはカーブ。僕もカーブで、内野ゴロに打ち取るつもりだった。最後の一球のつもりで投げた。

これで優勝だ。ペナントレースの最後の一球！

いい感触だ。投げた瞬間、僕のイメージは、セカンドゴロかショートゴロ。これは絶対にヒットは打たれない。打たれたとしても、内野ゴロだと思った。だから、小森君のバットがフッと空を切ったときに、一瞬とまどった。

「ウソ！ 空振りか!?」。それから、

「わあ、よかった。やったぁ!!」と思った。胴上げだ!!

そこで感謝の気持ちが湧いてきた。すぐに天に向かって、

「ありがとうございました!」

一度空を仰いで、視線を戻したら、村田さんが駆け寄ってきた。その村田さんに、僕は大声を上げながら飛びついた。それからみんなが、顔をクシャクシャにして集まってきた。

「やったぁ!」みんな叫んでいた。

待望の胴上げだ。長嶋監督の体が宙に舞う。

一度、二度、三度、四度、五度! 最高の笑顔で監督が舞った。

翌日の新聞はすごかった。

『日本中待ってた 長嶋優勝』。巨大な文字だ!

『巨人絶頂胴上げ!』。笑顔で宙を舞う、長嶋監督の写真だ。

『落合命がけ満願成就 ミスターとの男の約束果たした』。感動の涙を流して、監督と抱き合う落合さんの写真だ。

『壮絶〝ラストバトル〟3時間14分』

『気迫でつかんだ初勲章桑田　3回ピシャリ胴上げエース』。村田さんに飛びついた僕の写真だ。

歓喜の胴上げが終わって、みんなでレフトスタンドのファンの皆さんに、挨拶に行った。歓声に包まれて、ワーッとみんなで走った。僕はうしろのほうを走っていた。監督がちょうど横に来た。僕は指を一本立てて、叫んでいた。

「監督！もう一回、やりますよ！」

もう一回やりましょう、ではなく、やりますよだった。

日本シリーズで、勝つということだ。今から思えば、冷静に見て王者・西武に勝てるはずがなかった。でもなぜか、僕はそう監督に約束していたのだ。

僕は、長嶋監督の笑顔が好きだ。

あの素晴らしい笑顔を、何度でもみんなに見せてあげたいと思う。あの笑顔で、みんなが喜ぶのだ。日本中のみんなが、幸せになれるのだ。

日本シリーズでも、あの長嶋監督の笑顔を、みんなに見せてあげたい!!

Ⅱ 努力することに意味がある

パイレーツのキャンプ地 ブランデントンでの家

「最高の道を下さい」

「あのおかげで、僕は強くなれたんです。逆に、感謝しています」

そう、僕は言いたかった。

'94年のシーズンが終わり、日本シリーズも終わった晩秋のことだった。都内のホテルで行われた、「'94年プロ野球最優秀バッテリー賞」の表彰式でのことだ。特別ゲストとして招かれていた、王貞治・ダイエー新監督が、スピーチをされた。

「ドラフトのときは、強行指名して、彼に強引なイメージを植えつけてしまった。責任を感じている」。王監督がそう話し始めたのだ。予期せぬことだった。

「本来ならもっと良いイメージを持たれてもいいのに、あのことで世間から叩かれ、いじめられることになってしまった」

そういう趣旨のことを、王監督は言われた。

目の前で聞いていた僕は、突然のことに驚いてしまった。ちょうど誰かに色紙を頼まれて、サインをしているところだった。思わず手が止まった。九年前のことを持ち出して、王監督が公の席で、謝罪と取れる言葉を、わざわざ言ってくれるなんて。

その場では、口に出して直接言わなかったけれど、僕の思いはまったく逆だった。

「そんなことありませんよ。監督のおかげで、僕はこんなに強くなれたし、今こうして表彰もされているんです。逆に、僕は感謝しています」。僕はそう言いたかった。

「あのことのおかげで、僕は強くなれたんです。どんな場面に出て行ったって、動揺することもないし。そんな精神力を造ってくれたのは、監督のおかげなんです」

これは、本当の気持ちだ。あのドラフトで、王監督が清原君が欲しいと言えば、そう決まっていたわけだし、桑田だと言ってくれたから、今の僕があるわけなのだ。

それにしても、あのドラフト騒動はすごかった。マスコミの取材ぶり、報道ぶりはすごかった。あれで僕のイメージが、何かしらダーティなものになってしまったのは事実だろう。でもそれは、王監督の責任ではない。

ＰＬ学園の清原君と僕が、'85年のドラフトの、超目玉だったことは事実だろう。二人の進路、そして二人がどの球団に指名されるかが、マスコミの最大の関心事だった。

僕自身は、当然野球を続けたかったから、大学進学とプロ入りの両方を考えていた。大学に進んで、一年でも長く学生をやりたいという気持ちがあった。その反面、早くプロで勝負したいという気持ちもあった。でも17歳の高校生には、とても自分では決めきれなかったというのが、本当のところだった。

進学するなら、早稲田に行きたいと考えていたから、その意思表示をしたし、大学入試の準備もした。受験勉強をちゃんと続けていたし、作文の勉強のために小説を読んだりもしていた。でも、プロ拒否宣言をしたことはない。

ドラフトのあとでマスコミは、事前にジャイアンツと密約があったように、さかんに書いたけれど、もしジャイアンツに入れると決まっていたのなら、受験勉強なんてしていない。僕は事実、勉強をしていた。当時もそれだけは言いたかった。

それに、もしジャイアンツが指名するからと約束してくれたとしても、競合して、抽選で他の球団に引かれたら、それで終わりだ。

大学なら早稲田、プロに行くならジャイアンツと、自分では決めていた。

ドラフトの日に、どちらか結論が出るのだから、その出たほうに進もうと考えた。

ジャイアンツに指名されれば、プロ入りする、指名されなければ、大学に進む。その日に出る方向が、僕のベストの道だと信じて進もうと考えていた。

そういう生き方を、その後も僕はずっとしてきた。それが後悔しない生き方なのだ。

当時の僕にできることといえば、お祈りして、お願いして、そのもらった道が、自分の最高の道だと信じて、進むことだけだった。

前に書いたように、甲子園に出場するために、僕は百日祈願というのをやっていた。ドラフトでも、同じことをやった。ドラフトの日から百日逆算して、自分なりに毎日祈願に通ったのだ。それも毎晩。誰にもわからないように、ひとりで。清原君もそれは知らなかった。

清原君と僕は、教室で三年間ずっと隣り合わせの席だった。野球部の寮の部屋も隣同士だ。もちろん仲が良かったけれど、二人は性格も行動も正反対。共通していたのは、野球の練習に熱心だったことくらいだ。

彼は明るい、僕は無口。彼は番長だったから、喧嘩もする。僕は止め役。清原君を止められるのは、僕だけだった。僕は勉強が好き、彼は嫌い。教室でも、僕は熱心に授業を聞く、彼は寝てる。ずっと寝てる。授業が終わる十分くらい前に起こして、「はい、これ写しとけよ」とノートを渡す。

ドラフトの前も、当然隣の席に清原君がいた。

「いやぁ、きのうはジャイアンツのスカウトに会ったんだ。オレのために4番あけてあるからとか何とか言われて……オレ、ジャイアンツで4番打つことになったら……」なんて、クラスメイトが輪になって、興味津々聞いている真ん中で言っている。（もちろん大阪弁だけれど）。

毎日のように、清原君がそんな話をしているのを、

「わぁ、すごいな、巨人か」と、僕はうらやましく聞いていたものだ。

百日祈願には、朝みんなが起きる前と、夜は十時が消灯だったから、九時頃に行っていた。

「いい道を下さい。僕にとって、最高の道を下さい」と、いつもお願いした。

最後の夜、ドラフトの前夜の雰囲気が、何とも言えないものだった。

一面の芝生に囲まれた中に、真っ白い宮殿のような建物があって、そこに向かってお祈りをするのだけれど、その夜は、とりわけ静かだった。寮からそこまでは、1キロほどある。走って行った。もちろん誰もいない。シーンとしていて、ちょうどあの夜は満月だったのだろうか。月明かりが、ぼーっと自分のところに差しているような感じがし

て、何かすごくいいことが起こりそうな、そんな気配があった。

ドラフトの朝は、心地良く目覚めて、すっきりした気持ちで最後の朝のお祈りに行った。そして待っていたら、ジャイアンツの1位指名だったのだ。

もちろん僕はうれしかったけれど、清原君の落胆ぶりが気の毒だった。あれだけ「オレは巨人で4番を打つよ」と言っていたのだから。ここで僕が喜んだら、彼を余計に傷つけると思って、僕はあの日は、常に下を向いていた。彼の気持ちを察して。あるいは素直に喜びを表現しない僕の姿が、余計にマスコミの憶測を呼んだということも、あったのかもしれない。

でも僕は、最高の道をもらった、この道を進もうと考えていた。

「キミは、平然と嘘をついたね」

自分が信じた道を、進むしかない。そうしたら絶対に後悔しない。

ドラフトで最高の道をもらったと考えたから、僕はジャイアンツ入団を決意した。

ところがマスコミは、ジャイアンツの強行指名だ、密約があったのだ、早稲田を隠れ蓑に使ったのだ、と大騒ぎだった。毎日二百人以上の報道陣が、家や学校にやってきた。

僕はもう犯罪者扱いだった。早稲田に謝りに行けとも言われた。

僕がいったい、何をしたというんですか！

高校三年間、僕と清原君は、祭り上げられたとまでは言わないけれど、マスコミはこぞっていいイメージを、伝え続けていた。二人とも、悪いところはひとつもなく、純粋で、野球が好きで、巧くて、強い。そういうイメージばかりだった。

それが、ドラフトを境に、良い者と悪い者に分かれた。僕は一気に悪の道へ転落。純粋な清原君は、かわいそう、巨人に利用され、親友にまで裏切られた。これで僕もマスコミが嫌いになった。

『球界に波紋〝桑田逆転劇〟』

『罪つくりな巨人指名』

『他球団なぜ桑田うのみ』

『出来レースと分かってた』

そんな新聞の見出しを、僕は今でも覚えている。

僕もあそこで泣いたりしてみせれば、マスコミの印象も少しは変わったのかもしれない。事実、「涙を流せ」とアドバイスしてくれた人もいた。でも僕はそんな気はなかった。その頃は「男は、人前で涙なんて流さないんだ」と思っていた。どんなにつらい事があっても、泣いたことがなかった。

入団発表の日が来た。また二百人くらいの報道陣だ。あの記者会見の席で、自分が言ったことで印象に残っているコメントが、ふたつある。

ひとつは「200勝します」ということ。

もうひとつは、「キミは平然と嘘をついたね」と質問した記者に対して、「そう思うなら、思って下さい」と言ったことだ。

僕は嘘をついてはいない。巨人に指名されても、絶対にプロにはいかない、と言ったことはない。だから僕は、弁解をしなかった。いずれわかる。

でもそのとき、「オレは絶対にこの人たちを、見返してやろう」と思った。はっきり言って、その頃の僕は、マスコミを恨んでいた。まだ17歳。人間としてみればまだまだで、今のように、「ああ、ありがたい、これがきっといいことにつながる」なんて、とても思えなかったのだ。

今のように、逆指名がスンナリ通るようになるなんて、まったく夢のようだ。

それにしても、大学進学とか社会人野球に進むとか公言していても、いざプロから指名されたら、「やっぱりプロに入ります」という選手がほとんどだ。それをマスコミも、僕のときのように叩きはしない。なぜあのとき、僕だけが問題になったのか、未だに不思議だ。

去年'94年のドラフトで、進学を明言していた城島君が、ダイエーに指名されたけれど、僕のときのような騒ぎにはならなかった。むしろマスコミの論調は、プロ入りを決めた彼に好意的だったと僕は感じる。城島君のことで、僕も何度かコメントを求められたけど、常に言ったのは「自分がベストだと思う道を選んだらいい、そうしたら後悔しないから」ということだった。

なんで僕だけがという気持ちは、今でもあるけれど、あれがあったからこそ、今の僕があるのだ。どんなことがあっても、それをポジティブにとらえること。それがこの九年間で、僕が学んだことだ。

ジャイアンツに入ってからも、二、三年は、シロい目で見るチームメイトも多かった。でも、もともと僕はまわりを全然気にしない。《大物とは、他人の評価は気にしない》なのだ。人が自分をどう評価しようが関係ない、と思っていた。

ドラフトに始まって、このあとも金銭疑惑とか野球賭博疑惑とか、いろいろな問題が起きるのだけれど、僕はひと言も弁解しなかった。それは、自分に自信があったからだ。だから、「僕はしてません、してません」と、言わなかったのだ。「そう思うなら、思って下さい、いずれわかります」ということだ。

皆さんは、いくら無口でも、少しくらい弁解したら良かったのに、と思って下さるかもしれない。ファンの方はハラハラしたり、イライラしたりしながら、僕を見守っていて下さったのだろうとは思う。

でも、この本を読んでよくおわかりのように、これが桑田真澄の生き方なのだからしかたがない。

スポーツ・マスコミは、とにかくわかってくれなかった。ぶっとばしてやろうか、と思ったこともある。このヤロウと何度も思った。あまりのことに、一年間取材拒否をしたこともある。あれは3年目だったろうか。「もうシーズン中は、取材を受けない」と、取材を拒否して、マスコミを無視し続けた。

今から思えば、かわいいものだ。あの頃は、要するに「ありがたい」と、思えていなかったのだ。

それが今では、「あぁ、あの頃ああやって、マスコミの人たちが、僕を鍛えてくれたんだ。だから、いい思いもさせてもらえるし、賞もいただけたんだ。マスコミの人たちに、感謝しなきゃいけない」という気持ちだ。

人間力が、だいぶ磨けてきた、ということなのだろう。

プロのすごさに、圧倒された

実は、そこそこ活躍できるだろう、と思っていた。

自分ではけっこう自信を持って、プロ1年目を迎えた。1986年だった。ところが、プロに入ってみて驚いた。世界一のバッターと思っていた清原君みたいなのが、1番から8番までズラッと続いている感じだった。僕が入団して一、二年の頃のセ・リーグのバッターは、とくにすごかったのだ。皆さん、覚えてますか。

まず阪神。バースを筆頭に、掛布さん、岡田さん、真弓さん、皆さん全盛期だ。

ヤクルトは、若松さん、杉浦さんに、レオン、ホーナーだ。広沢さんがやっと7番くらいを打っていて、池山さんはまだ補欠だったと思う。

中日には、平野、上川、谷沢、大島、宇野の皆さん、これまた全盛期。2年目には落合さんがいたし、ゲーリーという外国人選手もいた。

広島は、山本浩二さん、衣笠さんが元気で、高橋慶彦さんに山崎さん。僕がプロ入りして五、六年は、巨人、広島、中日で、優勝を争っていたものだ。

どのチームも、豪華絢爛な打撃陣だった。

横浜には、高木豊さん、屋舗さんがいたけれど、当時は横浜大洋銀行と言われた時代だった。対大洋では味方が、5点は取ってくれた。遠藤さんが投げるとき以外は。だから遠藤さん以外との対戦なら、ラッキーだった。

'86年5月25日、中日戦のリリーフで、僕はプロ初登板を果たした。

初勝利は、3試合目の6月5日、阪神戦だった。完投初勝利だ。

それなりに自信を持って、初めてのシーズンにのぞんだのだけれど、結果は2勝1敗の成績。登板数は15回。もちろんローテーション入りなど、夢のまた夢だった。防御率が自分でも信じられないような5・14。

甲子園で通算20勝して、防御率が1点台という高校野球のヒーローが、プロではこれだ。

5回までピチッと抑えていても、6回、7回、8回でやられてしまう。よく覚えているのは、山本浩二さんとの対決だ。

それまでの3打席は、完全に抑えていた。浩二さんは僕の球に全然タイミングが合っていなかった。まっすぐのボールにも、遅れていた。8回に4打席目が回ってきた。2対1くらいで、こちらがリードしていたと思う。僕はさっきまで抑えていたのと同じ、得意のアウトローいっぱいの球を投げた。

なんと浩二さんはそれを、ライト・スタンドに放り込んだのだ。これはものすごいショックだった。これまで全然打てなかった球を、最後の打席で、いとも簡単にホームランにするのだ。

後日、山本浩二さんも、あのホームランを覚えていたことを知った。これはもう引退されて、監督になられてからのことだった。

「桑田、オレがあのときに打ったのは、悔しかっただろう。あれがプロだぜ」と、言われたのだ。

「何ですか?」と聞くと、

「前の3打席はビタッと抑えられていても、4番バッターっていうのは、相手のピッチャーの一番いい球を、自信を持っているボールを、最後の打席では、打ち返せるんだぞ」

そう言われたときに、「じゃあ、ピッチャーはその上をいかなきゃいけないんだな」と、思い知らされた。

子供の頃から、活躍を見てきた人たちと、一緒に野球ができることはうれしかったし、いい経験をさせてもらったと思った。いい勉強をさせてもらったと。

しかし2勝というのは情けなかった。自信喪失で、すっかり気持ちが落ち込んでしまっていた。

「このまま来年を迎えたら、オレはおそらく、あと、二年か三年でクビだなぁ」

そこまで思いつめていた。自分の気持ちとしては、崖っぷちに立っているという感じだったのだ。このままでは、もうプロとしてやっていけない。

思えば、プロ野球選手を夢見て、小学生の頃から懸命に野球をやってきた。どんな練習にも耐えて頑張ってきた。そして夢にまで見たプロに、実際になってはみたものの、あと数年でピリオドが打たれるのか。

プロ入り1年目の秋には、絶望的な気持ちになっていた。

親父が、最初のコーチだった

野球を最初に教えてくれたのは、親父だった。

僕には野球の恩人が何人もいる。

皆さんの指導のおかげで、今のプロ野球選手・桑田真澄があるのだ。

でも僕にとって最初の鬼コーチは、親父だったのだ。小学校低学年の頃だった。

まずキャッチボールから、始まった。でも親父の体正面に投げないと、捕ってくれない。ボールが逸れたら、「取ってこい！」だった。

後にＰＬで出会った、あの清水一夫さんとまったく同じだった。だから清水さんに特訓を受け始めたとき、「あぁ、親父と同じや！」と思ったものだ。

それにしても、小学2年生か3年生を相手のキャッチボールで、正面から外れたら「ボール、取ってこい」なんて、信じられますか？

今度はバッティング。トスバッティングだと言って、投げてくれる。僕が打ち返す。

でも、ノーバウンドかワンバウンドで、親父が立っているところに、打ち返さなければ、また捕ってくれない。ちょっとでも逸れると、「ボール、取ってこい」なのだ。何度も何度も取りに行かされるのが嫌だから、僕は必死だ。

ボールの上を叩きすぎても、下を叩きすぎてもダメ。外にボールが来たらこう、内側に来たらこう、真ん中ならこうと、バットでしっかりボールをとらえなければ、親父が要求するところには、打ち返せない。それを毎日やらされた。

うまく投げ返せなかったり、打ち返せなくて、何回も何回もボールを取りにやらされたら、しまいには僕も泣いてしまう。すると「泣くな!」と、怒鳴られる。

ほとんど『巨人の星』の星一徹だった。

ある日、グローブを買ってやると言われた。うれしかった。「やっぱり硬式用がいいな。どんなグローブにしようかな」と、楽しみにしていた。お店に連れて行ってくれた。

ところが買ってくれたのは、ソフトボール用のグローブだった!

それでも僕は、うれしかった。その夜は、グローブを抱いて寝た。

翌日、早くグローブを使いたいから、学校から走って帰ってきた。

大事なグローブが、姿を変えていた!

綿を全部抜かれて、ペラペラになっている。大事なグローブの無惨なその姿を見て、僕は泣くしかなかった。

「なんでこんななってるの？ 誰がしたの」と母に聞いた。

「いや、お父さんがしてたよ」

夕方親父が帰ってきた。「お父さん、なんで僕のグローブ、こんななったの？」

「そんな綿なんか必要ない。痛いのが当たり前なんだ。さぁキャッチボールしよ」

親父は野球が好きで好きで、草野球では、けっこう活躍していた。あるいは若いころには、プロになりたいなんて気持ちも、あったのかもしれない。その頃も、けっこう強くて速い球を投げていた。

ペラペラのグローブでは痛い。だからネットのところで、ボールをキャッチした。それではパスッと、気が抜けたような音しかしない。これでまた、ものすごく怒られる。キャッチしたときに、パーンといい音を鳴らさなければ怒られるのだ。

偉そうなことを言いやがってと思って、今度は僕が思いっ切り投げると、親父は必ずパーンといい音をたてる。

「鳴るだろう？ ほら、ちゃんと」

綿を抜かれて皮だけのペラペラのグローブで、真ん中でボールを受けて、いい音を鳴らすのは、大変なことだった。掌が腫れあがった。そんな特訓の連続だった。

そんなふうに野球の基礎の基礎を、教え込んでくれた親父には、感謝している。

野球が好きで好きでしょうがない、根はいい人だったのだけれど、仕事は落ち着かないし、酒は飲む。喧嘩はする、家では何もしないという親父だった。食卓をひっくり返したり、茶碗を投げつけたりもする親父だった。そしてついに離婚してしまった。

そういうのを見て育ったから、逆に僕は今、家族に対して家のことをしてあげたり、嫁さんと仲良くしたりできるのだろう。

離れて暮らすようになってしまって、お母さんもお姉ちゃんも弟も、親父には会おうとはしないけれど、やはり僕にとっては親父は親父だ。野球を教えてくれた親父だ。

どんなことにも耐えられた頃

僕が野球チームに入ったのは、小学校2年生で、それはソフトボール・チームだった。そのときのチーム分けというのは、4年生までがCチーム、5年生がBチーム、6年生がAチームだった。テストを受けたら、僕は2年生なのに、いきなりAチームに上げられた。すぐにイジメにあった。

前にPL学園1年生のときのイジメについて書いたけれど、ソフトボールでイジメ、少年野球でイジメ、中学野球でもイジメにあっている。僕が常に上のチームにランクされたからだった。どこに行っても、まわりは敵ばっかり。でもどんなイジメにあっても、一度もへこたれなかった。野球ができたからだ。いつでも一匹狼みたいな感じだった。

小学校では、ワルだった。喧嘩と野球ばっかり。授業は途中で抜け出す。勉強は全然しない。テストは0点ばっかり。しょっちゅう母親が、学校に呼び出されていた。

さすがに一度だけお母さんに、「あんた、いいかげんに勉強しなさい」と言われた。

「中学に入ったらやるから、ガタガタ言わないでくれ」。これが僕の返事だった。

不思議なことに、それからお母さんは一度も、勉強しろと言わなかった。僕のほうも、口から出まかせじゃなくて、中学に行ったら勉強すると、約束したつもりだった。

少年野球には、小学4年生から参加した。初めての硬式のボールを握れる。楽しみでしょうがなかった。

厳しいコーチだった。初めて練習に行ったときのことだった。

「グローブとスパイク・シューズ持って集合!」

オッ、いきなりグローブを使って練習か。いよいよ硬式ボールで練習できるぞと、喜んでコーチのそばに駆け寄った。

「みんな見せろ」

自慢のグローブとスパイク・シューズを、コーチに差し出した。

「おまえら、これで野球させてもらうのに、なんだ、これは!」

誰ひとりとして、磨いていなかったのだ。

「あしたまでに、全員磨いてこい」

その日の練習は、ほとんど行進とランニングだけで終わった。

まず3列に並んで、声を出しながらの行進。みんなの声がピタッと揃わないと、何回でもやらされる。20人しかいないのだけれど、揃わないものだ。ひとりでも揃わないのがいると、連帯責任ということで、向こうまで戻ってまたやり直し。怖いコーチだった。オレたち兵隊かな、こんなに行進ばかりして、と思った。

それが終わって、今度はランニング。これもたっぷり走らされて、最後に申し訳程度のキャッチボール。それでおしまいだった。

家に帰って、お母さんにスパイクの磨き方、グローブの磨き方を教えてもらった。その小学4年生のとき以来、僕はスパイクとグローブを、いつも自分で磨いている。中学や高校になると、みんな後輩に磨かせる。でも僕は一度も、下級生に磨かせたことはなかった。少年野球のコーチに教えられたことを守って、自分のものはいつも自分で磨いた。

このコーチのことは、キャプテンになってからも、ずっと怖かった。体罰もあった。でも、用具を大切にすること、行進、挨拶、そんなことをたっぷりと教わった。

そして中学に進んだ。生徒二三〇人中、二二〇番目くらいの成績だった。

オレよりもバカなやつがいるのか、と呑気なものだった。

でもラッキーだったのは、同じ地区の大正小学校から大正中学校へ、みんなそのまま上がっただけだったこと。お母さんとの約束通り、僕は勉強し始めた。成績は、二二〇番から、一五〇、五〇、二〇番と、順調に上昇していった。とくに英語の成績が良かった。これには理由があって、他の科目は小学校時代のハンディを背負っての勉強だったけれど、英語は全員が中学に入ってからの同時スタートだから、僕にもハンディはない。それで英語が好きになった。

勉強のほうは、その後PL学園に進んでからも、クラスで二、三番を取り続けた。

小学校では、喧嘩と野球だったが、中学校では、勉強と野球になった。もちろん野球部に入った。そして1年生から、上級生のAチームに入れられた。

1年生は下校時間が五時だった。だから練習の途中で1年生だけ、

「お先に失礼しまーす」と、帰っていく。でも僕だけは、

「おい、桑田、残っとけ」と言われて、2、3年生と一緒に練習を続けた。それで、お決まりのイジメだ。でも僕は何とも思わなかった。

好きな野球ができることで、うれしかったのだ。野球を一生懸命やるだけだった。

練習が終わって家に帰ると、もうヘトヘト。バターンと倒れ込む感じだった。でも食

事を済ませると、それからまた素振りとランニングの自主練習に行った。戻ってやっと勉強だ。翌朝は六時に起床、六時半に家を出て、七時から朝の練習に行った。そういう毎日だった。

授業中は当然のことながら眠い。でも、中学ではちゃんと勉強すると、お母さんに約束した手前、授業中は寝なかった。家で勉強する時間が、練習で疲れて帰ったあとでは、どうしても少なくなるから、なるべく授業中に勉強は済ませたかった。これはPLに行ってからも続けた。

高校でも授業中に眠ったことは、一度もない。体育コースのクラスだったから、ほとんどが寝ていた。でもそれで僕はありがたかった。二、三人で先生を独占して、授業が受けられるのだから。授業の中で一生懸命やって、勉強はほとんどそれで済ませた。試験前でも、ノートと教科書をチョロッと見ただけで、すぐにお休みなさーいだった。

中学の野球の監督も、厳しかった。

徹底的に基礎練習に重点を置く監督さんだった。練習は、朝の練習と、授業が終わってからの一日二回。

朝練のときは、まずグラウンドを5周ランニング。タイヤをロープで引っ張って5往復。それから初めてキャッチボールだ。授業後の練習も、まずランニングで、今度はグラウンド10周だ。またタイヤを引いて走って、それからやっとキャッチボール。

三年間毎日、まず同じメニュー。ランニングとタイヤ引きが終わらないと、ボールを握らせてもらえなかった。

中学の野球部では、本当によく走った。もう馬のように走った。みんなと同じメニューの他に、ピッチャーだからまた走らされる。1年のときから、もう皆さんが信じられないほど走った。走りまくった。上級生とは体力が違うのだけれど、それでも懸命について走った。僕は2年でエースになったから、2年、3年は1年のときよりも増やして、また走った。

ボールを握っての練習といっても、バント処理を始めとする、守備練習ばっかり。ランニングと守備、練習といえば、徹底的にこれだった。基礎体力をつけられるときに、目一杯つけてもらったわけだ。そういう指導をしてくれた監督さんには、感謝している。

僕の基礎は、確実にこの時代にでき上がったのだと思う。

中学、高校の六年間は、自分でも本当に元気だったと思う。どんなことにも耐えられる時代だった。そのどんなことにも耐えられる時代に、楽をせず、苦しいことをどんどんやって、それを乗りこえてきたこと。それが非常に良かったと思っている。

そうやって、少年野球、中学、高校の野球で、懸命に野球をやってきたわけだけれど、憧れのプロ野球に入って1年目で、早くも絶望感に陥っていた。

「このままじゃ、あと二、三年で確実にクビだ」

そう自分で思い込んでいたのだった。

グランド・キャニオンに誓った

大自然に接して、僕は変わることができた。

僕を絶望の淵から救ってくれたのは、グランド・キャニオンだった。

'86年のペナントレースは、ジャイアンツと広島が優勝を競ったが、ゲーム差ゼロで広島が優勝して終わった。

オフになる前に、ファームはアリゾナの秋季キャンプに行っていた。僕は一応1軍にいたから、キャンプには参加しなかった。しかし、惜しいところでチームはペナントを逸し、日本シリーズに備える必要もなくなった。アリゾナのキャンプは、半分の日程を残していた。そこで、「桑田、アリゾナへ行ってこい」ということになった。

「アリゾナなんて、行きたくねぇよ」と思った。

「自信を持って入ってきたけど、全然かなわねぇや。もう、えらいとこに入ってしまったなぁ。来年もおそらくこの調子じゃ、ダメだろうし。力が違いすぎるんだもんなぁ、アリゾナなんか行ったって、どうにもなんねぇよ。これじゃあ、かなわねぇよな、大人と子供だよ」

そんなふうに絶望感を引きずったまま、嫌々アリゾナのキャンプに参加した。

アリゾナでは、そこそこのピッチングができた。

でも自分では絶望感にどっぷりつかって、もう崖っぷちだと思い込んでいたから、そこそこ投げられたって、鬱々とした気分に変わりはない。

アリゾナ・キャンプの最後の休みに、グランド・キャニオン観光が、予定されていた。

「なにがグランド・キャニオンだよ、オレは行かねぇよ」と思っていた。

でも須藤豊2軍監督に、「全員で行くんだ。おまえも乗れ」と、バスに乗せられた。

嫌々バスに乗って、普段も無口なのが余計に無口になって、四、五時間のバスの旅の間も、後ろのほうの座席で「あーぁ、かったるいなぁ」と、全然楽しくない。

やっとグランド・キャニオンに着いたけれど、もう秋も深まっていたから、アリゾナとはいっても北西部は寒い。

「寒い。もう行きたくない、見なくてもいい」と、バスから出なかったのだけれど、また須藤さんに、「いいから来い！」と無理矢理降ろされてしまった。しかたなくみんなのあとを、寒いから肩をすぼめて歩いて行った。「なにがグランド・キャニオンだよぅ」

パーッと視界が開けた。

そこに、あの大パノラマがあった！

コロラド河の大渓谷だ。大自然の驚異という言葉を思い出した。文字通りのグランド・キャニオンだ。見渡すかぎり巨大な絶壁が広がっている。そのずーっと底のほうで、コロラド河がかすんでいる。

そのとき僕は、グランド・キャニオンの大自然に感動している自分に気がついた。

「ああ、なんてオレは小さい人間だったのだろう！」

「このグランド・キャニオンのように、もっともっと大きな気持ちに、なぜなれなかったのだろう」と思った。そして決心した。

「よし、目標を持とう！ 今年は2勝で終わったから、来年8勝すれば、二年で10勝だ。まず10勝達成を目標にしよう。よし、来年は8勝だ」

その場で、そうグランド・キャニオンに、僕は誓ってきた。

そんなわけで、アリゾナから日本に帰って、目標への努力が始まった。

トレーニングの本を買い込んで、勉強と研究を開始すると共に、ジムにも通って、ウエイト・トレーニングも始めた。もちろん走り込みも。正月休みなしで、トレーニングに集中した。自主トレ、キャンプ、オープン戦と、グランド・キャニオンに誓った目標を達成しようと、懸命にトレーニングと、コンディショニングの調整に努めた。運動生理学や心理学の勉強も始めた。

このトレーニングの成果だろうか、僕が《理想の感覚》と呼ぶピッチングが、この年に戻った。無心で投げた、あの高校1年の夏以来のピッチング感覚が、この年はとくに前半で持続できたのだった。やはり努力することに、意味があったのだ。努力の結果、素晴らしいご褒美が用意されていた。

2年目が終わって出た結果は、28試合に登板して、15勝6敗、防御率2・17。

去年はわずか61回と1/3の実績しかなかったのが、一挙に207回と2/3の投球イニング数になった。

防御率は1位。最優秀防御率だ。ゴールデングラブ賞ももらった、ベストナインにも選ばれた。そして、最優秀投手と沢村賞という、ピッチャーにとって最高の栄誉も手にしたのだった。

グランド・キャニオンの誓いを、達成したのだ。

シーズン当初に、今年の目標を聞かれたときには、もちろん8勝と答えた。それからも目標は8勝と言い続けた。常に「8勝です、8勝です」。そのうちに言われた。

「桑田くん、8勝ですと言うけれど、もう10勝だよ」

僕がこだわって8勝と言い続けたのは、あの日グランド・キャニオンに感動させられて、グランド・キャニオンに誓ってきたからなのだった。

この年、王巨人は2位中日に8ゲームの差をつけて、リーグ優勝を果たした。

しかし、日本シリーズでは西武に4勝2敗で敗れ、日本一にはならなかった。

桑田流コンディショニング

いろいろ勉強し研究して、自分なりのものを完成させるのが、僕のやり方だ。

コンディショニングについても、そうだった。

プロ2年目に、『イート・ツゥ・ウィン』という本に出会った。勝つための食事、勝利のために食べるという内容だった。この本には、世界の一流スポーツ選手の食事が、載っていた。ゲームの前にはどんな食事をするとか、ゲームとゲームの間にはどうだとか、さまざまな例があった。まずこれを参考に、食事を研究した。実践もしてみた。

しかしこの本に載っている例を、そのまま真似たのでは、自分には何となく合わなかった。やはり自分に合ったもの、自分だけのものを、見つけなければいけないと感じた。

そこで、栄養学の本などを買ってきて、勉強し始めた。カロリー計算も自分でしてみた。この頃から、食事の内容、食事時間などを、細かく日記に書くようになった。栄養士のアドバイスも受けてみた。

そしてやっと自分に合った食事法、食事内容を完成させたわけだけれど、それにはやはり三、四年かかった。

今ではもう自分なりに確立できたから、日記に書くこともないし、栄養士に頼ることもない。その時々の体調や、登板間隔によって、カロリー計算に基づいたメニューを、自分で作ることができる。カロリー計算など、嫁さんに教えているくらいだ。

コンディションの作り方、調整の仕方も自分なりに勉強して、桑田流をあみ出した。これもまた数年かけて確立したもので、現在も変わることなく、続けている。

シーズン中の僕の登板間隔は、平均して中5日だ。この5日間のコンディショニングを初公開しよう。

1日目　登板の翌日は休養するピッチャーがほとんどだけれど、桑田流は正反対だ。30分以上の、ハードなランニングをするのだ。ハードにやることによって、疲労物質を完全に体から除くためだ。そしてストレッチを充分にして、ウエイト・トレーニングをして、さらに水泳をやる。

2日目　休養日だ。積極的休息と呼んでいる。ただ休むんじゃなくて、積極的に休息する。わかりますか？　前日完全に疲労物質を取り除いて、翌日休むのが積極的休息。

1日目があってこその2日目の休息なのだ。ただしこの日も、軽くランニングして、ストレッチはする。軽く走って汗を流してストレッチというのは、僕にとって朝起きて、歯を磨き顔を洗うのと同じ。日常的な習慣。プロのスポーツ選手というのは、そんなものだと僕は思っている。

3日目　もっともハードな日。一番きついランニングの日だ。100〜150メートルを10本走る。これは、もどす寸前くらいまでハードにやる。これをやっておかないと、次のマウンドに立つのが、失礼なような気がするのだ。5万6千人の大観衆のど真ん中に、立つわけだから。この苦しい日を乗り越えてからでなければ、マウンドに立つのが僕は嫌なのだ。でも本当は僕も弱い人間だから、手加減しようかなと3日目にはいつも思う。「きょうは、ちょっと本数を減らそうかな、ちょっとスピードを落とそうかな」と思う。でもその誘惑に打ち勝って、きついランニングをやっている。

4日目　この日から調整に入る。調整は短距離走だ。50メートル、40メートル走、あるいは20メートルや10メートル走を、何本か走る。

5日目　最終調整日だ。軽くランニングして汗を流して、ストレッチ。

このスケジュールにともなって、食事の内容も変える。

たとえば、ウエイト・トレーニングをした1日目と、ハードに走った3日目には、肉を主体にした食事メニュー。休養日は当然軽めの食事にして、調整に入った4日目、5日目は、肉をやめて炭水化物を多めに摂る。野菜はずっと摂り続ける。

栄養学の先生のアドバイスに従うと、どうしてもカロリーが主体のメニューになってしまう。それはそれで、もちろん科学的には正しいのだけれど、いろいろ実践してみて、僕が得た結論は、人間は科学よりすごい、ということだった。科学的なものをもちろんベースにはするけれど、それに基づいて、自分に本当に合ったものを確立することが大事だ。

たとえば、栄養学的には登板と登板の間に、肉は一回でいいという意見もある。でも僕が到達した結論では、動いたら肉を摂るということだ。そして調整に入ったら、肉料理をやめる。でも登板日に、どうしても気持ちが燃えないことがある。気分が落ち込んでいるときもある。肉を摂らないのが原則なのだけれど、そういうときにはあえて前日に、ステーキを食べる。

西洋では、前の日に肉を摂るというのはタブーだ。でも、東洋では肉を食べると闘争心が湧く、というじゃないですか。だから自分の気持ちが落ち込んでいるようなときには、あした先発だという夜に、ステーキを食べる。そうすると、次の日になぜかワーッと燃えてくる。これが、科学よりも人間のほうがすごいと感じる点なのだ。

そのあたりのことを、バランスをうまく考えて実践している。

コンディショニングは、通常シーズン中にふたつのパターンを作っている。ここまでに書いたのが、Ａパターン。でも登板の翌日に、すごく疲れていて、体が全然動かないこともある。気分的にも、どうしてもハードにやれない日がある。そんな場合には、１日目と2日目の調整メニューを入れ換えた、Ｂパターンにする。

さらに、中5日を原則にしておいて、それをベースにして、中4日の登板や、'94年のシーズンの最後にあった中2日のようなケースにも、対応できるように、自分でこのパターンを作り替える。自分の体調や気分を確かめて、それに合わせて、「今回はこのパターンでいこう」と決める。

自分の体に聞いて、バランスを考えて、調整を進めるのだ。

何事も《急がば回れ》

僕はいつも目の前のことに、精一杯努力するけれど、その成果は急がない。

今の結果よりも、何年か先のより大きな成果を目指して、努力しているのだ。

僕の投球の基本は、あくまでもストレートとカーブだけれど、プロ2年目から球種を増やし始めた。現在では、ストレートとカーブに加えて、スライダー、シュート、フォーク（サンダーボール）と五つの球種を、武器にしている。

この球種の増やし方も、桑田流だった。決して成果を急がなかった。

カーブ、スライダー、シュート、フォーク、球の曲がり方はこの四種類しかない。タテヨコの変化は、これで充分だ。球種としては、ほかにパームとかナックルもあるが、ストレートと四種類の変化球で充分だ。他の球種を投げる必要はないと思う。

それで球の覚え方というか、球種の増やし方だけれど、僕は二年に一種類ずつ、ゆっくりと自分のものにしていった。2年目でも、全部の球種を投げようと思えば、おそらくできたと思う。でも、体というのは、すぐに対応できるように見えて、実は時間がかかるものだと思うのだ。

2年目はスライダーを覚えて、ストレート、カーブ、スライダーの、三つの球種でやった。そのスライダーを、二年間かけて完全に体に慣らして、それからシュートだ。これも二年間かけて、徐々に慣らしていって、それからフォークを投げ始めた。そして全部自分のものにした。

ピッチングコーチから、3年目くらいのときに、フォークを投げろと言われたことがある。練習で投げてみたら、けっこう落ちた。だからたまに実際の試合で苦しいときに、「フォークを使いたいな」と思うこともあった。でもそこを「まだまだ目先のことに走るな」と言い聞かせて、ぐっと我慢した。それでストレートで勝負にいって、打たれたこともある。「バカやろう、フォーク投げればよかったんだ」と思ったこともある。

でも結果的には、計画的にやって良かったと思う。

もしそのときフォークを投げて、三振を取っていたら、きっと味をしめて、苦しくなるたびに、フォークをどんどん使っていたことだろう。その結果、怪我をしていたかもしれない。肘や肩を痛めて、もう投げていないかもわからない。だから、あれで良かったのだと思っている。

プロの選手というのは、細い台の上か、刀の刃の上に乗っているようなものだ。ちょっとのことで、簡単に右へ行ったり、左へ行ったりする。いつ落ちるかわからない。良かれと思ってしたことが、結局は悪いほうになることもある。そのときは良くても、結果的に寿命を縮める場合もある。それはわからない。その危険はいつでもある。

だから《急がば回れ》なのだと思う。

ＰＬ時代も、僕はストレートとカーブしか投げなかった。他の球種を覚えたいとは思わなかった。七割か八割はストレートだった。だからバッターにしてみれば、３球のうち２球はストレートだとヤマをかけて待てる。僕のほうは、そういう中で、強打者を抑えなければならなかった。それで、金属バットを相手に、甲子園で20勝挙げたのだった。

高校時代に、ストレートとカーブだけで押し切ったこと、そうしたことが、今の僕につながっていると思う。

あの当時から、高校生でも、いろいろな球種を投げるピッチャーがいた。フォークで勝ち抜いたピッチャーもいた。でも、あの頃甲子園で優勝したピッチャーを、思い出して下さい。投げ合って、僕が負けたピッチャー。みんなスライダーだフォークだと、投げていた。でも誰もプロに来ていない。来ていたって勝てない。ほとんど肘や肩が使いものにならなくなっている。

改めて、何事も《急がば回れ》なのだと思うわけだ。

'88年、プロ3年目は、開幕投手を務めた。20歳だった。戦後では、最年少の開幕投手だった。

しかしシーズンの成績は、10勝11敗にとどまった。防御率も3・40と良くなかった。ジャイアンツは、中日に12ゲームの差をつけられ、連続優勝はならなかった。王さんが、このシーズンで監督を退くことになった。僕をプロにしてくれた監督だったけれど、胴上げは一度しかできなかった。

'89年は、藤田監督が指揮を執ることになった。今度こそ優勝に貢献したいと思った。

叩かれれば叩かれるほど、僕は

試練や困難が、僕を磨いてくれる。

それが僕の基本的な考え方だけれど、とくに野球以外のところで、思ってもみなかった困難や騒動、はっきり言ってスキャンダルに巻き込まれたのは、やはりつらかった。

ここから桑田真澄は、苦難の時代に入る。

入団のときに作られた、悪役のイメージがやっと薄らいできたかと思っていた矢先だった。このあと、これでもかこれでもかと、災厄に直面することになる。そしてマスコミによって、徹底的にダーティなイメージが定着してしまう。

藤田元司・新監督のもと、ジャイアンツは好調なスタートをきった。打撃陣ではクロマティが好調で、チームを引っ張っていた。もちろん首位だ。僕自身も順調だった。

夏になって、スキャンダルに襲われた。週刊誌が発端だった。

アドバイザリー契約を結んでいた運動具メーカーから、不明朗なお金が、球団を通さずに、直接僕の銀行口座に振込まれていたというものだ。振込は、その二年前の12月に行われていた。事実を知った僕はもちろんすぐに、そのお金を返却した。しかし僕自身は銀行に出入りしていなかったので、振込み当時は知らなかった。

しかしこれが、プロ野球の統一契約書が禁じている「裏金」の授受に当たるのではないか、とスキャンダルになったものだった。

『裏金疑惑』とか『リクルート野球版』とか、報じられたものだ。すべて球団に任せ、僕自身はノーコメントを通した。

調査の結果、球団が出した結論は、僕が『プロ野球選手として軽率だった』と、罰金二百万円と厳重注意というものだった。当時の年棒からすると、その罰金はほぼ毎月の支給額に相当した。

僕はその処分を甘んじて受け、また野球に専念することにした。

一連の報道で、「桑田は、若いくせにお金に汚い」というイメージを作られてしまったが、僕自身はひと言も弁解しなかった。「そう思うなら、思えばいいさ」と、他人の評価は気にしないことに決めて、野球に集中した。

そんなことに思い悩んでいるより、今一番必要なことを精一杯やるだけだ。僕に必要なのは、優勝に向かって野球に邁進することだけだった。

僕は、叩かれれば叩かれるほど、燃える！

'89年の登板数は30試合、うち完投が20試合。投球回数は、２４９イニングスに達した。いずれも、その後もまだ超えていない数字だ。

そして成績は、17勝９敗。防御率は２・６０だった。

ジャイアンツは、広島に９ゲームの差をつけて優勝した。

そして、日本シリーズでは、あの３連敗後の４連勝という、ドラマチックな展開で近鉄を倒したのだ。八年ぶりの日本一だった。僕も燃えたけれど、ジャイアンツも燃えた。

この年から家を建て始めた。待望の自分の家だ。子供の頃の僕の家庭は貧しかったから、いつか自分の手で家を建てて、両親をゆっくりさせてやりたいと、ずっと考えていた。実は両親はすでに離婚していて、家族みんなで住む夢はかなわなかったが。

翌'90年に自宅が完成した。うれしかった。

ありふれた表現だけれど、やっと自分の城を持てたという実感があった。

スキャンダルの嵐

家も建てたし、ますます野球に専念できると考えていた。

ところが、来なくてもいいのに、またスキャンダルだ。'90年のシーズンが始まる、直前のことだった。

運動具メーカーの元社員で、僕を担当してくれていた、N氏が出版した本が発端だった。その本の中でN氏は、部外者に僕が登板予定日を教えていた、と書いたのだ。あるいは皆さんは、それくらいどうってことないだろうと思われるかもしれない。ところがこれが、プロ野球協約の統一契約様式の条項に触れるのだ。抵触する。僕たちは野球をしているかぎり、この統一契約書に縛られるわけだ。

登板日を意図的に部外者に洩らすと、この統一契約書の「模範行為」に抵触するし、場合によっては、禁じられている「不正行為」や「賭博行為」に触れる可能性もある。

しかし、僕の場合の状況はこうだった。寮の近くに、チームメイトに紹介された中華レストランがあった。幾度か食べに行くうちに、オーナーと親しくなった。あるときその人に、「桑田くん、あしたじゃないの。あした投げるんでしょ」と聞かれた。本当に翌日登板の予定だったら、「あした投げませんよ。僕じゃないですよ」などとムキになって言えない。「いやぁ、頑張りますよ」と返事をするのは、普通のことだろう。

そんな会話が、情報として意図的に登板日を、部外者に教えたことに当たるのだろうか。

そのとき、その場にたまたまN氏もいたのだ。そして、そのオーナーが一〇年ほど前に、賭博で有罪判決を受けたことがあったことから、『危ない人』と、その本に書いたのだった。さらに、僕がその人に登板情報を提供して、裏でお金をもらっているという、架空の話にまでエスカレートした。これにマスコミが飛びついた。

あたかも僕が野球賭博をしている組関係の人と付き合っているというニュアンスの取り上げ方で、収集がつかなくなってしまった。

もともとギャンブルが好きじゃない男が、どうして野球賭博に関係しなければならないのか。年棒も上がって、お金に困っているわけでもない。どうしてそんな疑惑を抱かれねばならないのか、不思議でしょうがなかった。

大騒ぎになって、そのN氏が以前に所属していた会社が、僕に問い合わせてきた。聞いてみると、彼が会社に報告していた内容はムチャクチャだった。遠征には必ずついてきて、僕の面倒を見ていると会社には報告していたそうだが、これはまったくの嘘。東京以外、大阪、名古屋、広島では、僕は一度も彼を見かけたことがない。そこで会社が彼の領収書を調べてみた。

すると僕が大阪や広島で投げているその日に、六本木や銀座で、僕を接待していることになっていた。それが月に、何百万もある。だから会社の人たちは、「桑田は若いくせに、月に何百万も豪遊しやがって」と思っていたのだそうだ。確かに彼に連れられて、飲みに行ったことはある。でも僕は酒を飲まないから、いつも牛乳かミネラルウォーターだ。いくら高級なクラブだって、牛乳や水で何百万も請求するわけがない。会社がお店に問い合わせてみると、会社に僕と行ったと報告していたほとんどが、他の球団の選手たちと飲みに行ったものだった。その会社では、僕に対する接待費だけが認められていたので（それもすごいけれど）、彼がそういうことをやってしまったらしい。

その会社の人とは直接会って話もした。それまで聞いていたことと、全然違うと驚いていた。彼の会社への報告では、「桑田は、酒が好きで、女も好きで、横柄な奴で」ということだったのだそうだ。「直接お会いすると、全然違いますねぇ」と、会社の人もあきれていた。やっと誤解が解けた。

この運動具メーカーとは、実は今でも契約している。もし僕が悪いことをしていたら、この会社が契約を続けるはずがない。

問題の野球賭博の件は、球団が調査をしてセ・リーグ会長に報告書を提出し、結論が出た。野球賭博については、シロの判定だった。球団と僕は、N氏に対して名誉毀損にともなう謝罪と損害賠償を求めて、民事訴訟を起こした。

しかしこれとは別に、高級時計やお小遣いをもらったことがあると僕が認めたので、こちらは処分の対象となった。処分は、開幕日から一ヵ月の謹慎（出場停止）と、罰金一千万円というものだった。

一千万円支払った。何とか払うだけ、貯えがあったからよかったけれど。それにしても「はぁー」だった。

いろいろ言いたいこともあったけれど、「これからは精神修養に努めます」とだけ言って、他には誰にも何も言わなかった。

一ヵ月間、家で天井とにらめっこの毎日だった。いろいろなことを考えた。つぎつぎにスキャンダルに見舞われるのは、やはり自分がいけないのだ。すべて自分の責任だ。そう思って、弁解はせずに、野球のことだけ考えようと努めた。

謹慎というのは、出場停止だから、ゲームにはもちろん出られない。許されるのは練習だけだ。そこで毎日、2軍の練習場に行って、何とか野球に専念しようと努力した。

家の前には、いつもマスコミの車が15台くらいいた。その車のために、お昼になったら弁当屋さんが来る。夕方になるとまた弁当屋さんが来る。マスコミの人たちが、何を考えていたのか知らないけれど、とにかく家の前で張っている。嫌がらせ以外の何ものでもない、と思った。

僕が練習に向かうと、その15台の車がわっとついてくる。尾行されて初めて知ったのだけれど、後をつけられるというのはつらい。精神的にとてもきつい。何も声をかけられず、ただ尾行されるというのは、精神的にすごく疲れる。

僕のほうも意地悪をした。踏切で、片方の遮断機が下りてから、車を急発進させた。ところが間髪を入れず、マスコミの車も続いて来る。もう遮断機が両方ともほとんど下りているのに、その15台の車が、ドドドッと強行突破だ。この人たちの執念はすごいなと思わされた。

黄色の信号で一旦停止し、赤になる瞬間に車を出して、交差点を振り切ろうとしたこともあった。さすがに赤信号ではあきらめるだろう、と考えた。ところが彼らはすごかった。1台目と2台目の車が、交差点に突っ込んで、青信号で進んで来る車の流れを遮断する。クラクションも無視して、壁になって、赤信号を無視して仲間の車を行かせるのだ。ものすごい連携プレーだ。

マスコミ各社は、普段からあんな練習をしているのだろうか。他にもいろいろエピソードはあるけれど、バカらしいからもう書かない。とにかくマスコミの連携プレーには、ほとほと感心させられた。しかし彼らが、ただただ僕をつけまわして、一体何を取材しようとしていたか、未だにわからない。

やっと謹慎が明けて、球場に行った。

「昔のお殿様の行列じゃないんだから、いいかげんにしろよ」と思った。家を出てから球場まで、車が倍に増えて、今度は30台くらいの行列だ。ウワーッと僕の後をついてくる。あれもすごかった。

球場に着くと、また報道陣がすごい。黒山の人だかりとはあのことだ。

そんな中で、謹慎明け、いきなり先発登板。対大洋戦だった。しかもシャットアウトだ。味方がたくさん得点してくれたこともあるけれど、あれは意地の完封勝利だった。

成せば成るというか、思えば通ずるというか、一ヵ月間天井を眺めて、野球に専念したいと思っていた甲斐があった。ＰＬ時代にも教えられたことだけれど、《念願すれば成就する》というのは、本当だと思った。でも、その念願の仕方が問題なのだ。

本当に命を懸けて念願するのと、そこそこでいいやと思って念願するのとでは、結果的に大きな差が出てくる。どれだけ真剣に思うかということだ。

「もう、自殺したろうかな！」

責任を他人に転嫁せず、すべて自分に引き受けて生きるのが、僕のやり方だ。ただし当時の僕は、まだ22歳になったばかり。それに僕は本当は弱い人間だ。すぐに挫けそうになる。だからこそ、あえて険しい道を選んで、懸命になって進むのだ。挫けそうな自分を励まし励まし、進むしかないと考えている。

でもスキャンダルは、自分で求めた険しい道ではない。

そして、張りつめていたものが、ついにプツンと切れそうになった。後にも先にもたった一度だけ、究極のマイナス思考に陥ったのだった。

謹慎中から謹慎明けと、裁判が続いた。野球以外に社会経験のない僕には、裁判は負担だった。いや社会経験が豊富だって、裁判は嫌なものだろう。精神的につらい。

この頃に、電話恐怖症になってしまった。電話がプルルーと鳴ると、また何か悪い情報がきたのじゃないかと、そのたびにため息だった。当時は電話の音で、どれだけ心臓を痛めたことか。

謹慎明けを完封で飾ったものの、その後の成績はふるわなかった。5勝6敗で、北海道遠征に行った。'90年初夏のことだ。

毎日マスコミと顔を合わせる。みんなシロい目で見ている。他人の評価は気にしないと言いつつも、やはりその頃はきつかった。それも原因のひとつだった。

宿舎は、札幌の大通公園に面したホテルだった。東京に戻ったら、また裁判に出廷しなければならない。それが重荷だった。それが一番の理由だったと思う。「もう、やめてくれよ！」という感じだった。

あんなことを書かれて、名誉毀損は何とかしたい。でも裁判がとにかく負担だった。たまりかねて、深夜ホテルを抜け出した。

「もう、自殺したろうかな！」

そんな思いが、心のどこかにあった。

あてもなく歩いて、別のホテルまで行った。古いホテルだったと思う。そのホテルの屋上に上がった。

「あぁ、ここであと一歩踏み出せば、死ねる！」と思った。

「あと一歩」と思ったときに、急に何だかバカバカしくなった。

「死んだら、何も残らない」と思った。

家族の顔が浮かんできた。お母さん、お姉ちゃん、弟、そして親父。

「死んでも、何もならない」と思った。

「男なんだ、勝負してやろう。死んだら負けだ。負けるわけにはいかない。じゃあ、もっとやってやろう」そう思い直した。

この夜が、今までの人生でたった一度だけだった。そこまで思いつめたのは。

帰京して、これまで以上に練習に熱を入れた。

札幌の夜以来、マイナス思考とは縁を切った。

北海道から戻って以降の成績は、9勝1敗だった。

さんざんマスコミに叩かれ、裁判で嫌な思いもしたけれど、シーズンが終わってみると、'90年の成績は、23試合に登板して完投が17で、14勝7敗だった。防御率は2・51。リーグ2位の成績だった。

リーグ優勝、藤田監督の2連覇にも貢献できた。叩かれれば叩かれるほど、僕は燃えるのだ。

しかし日本シリーズでは、あの屈辱的な4連敗に終わった。四タテというやつだ。打倒西武ライオンズという課題が残った。

成績を残したことで、マスコミの対応が少しは変わるかと思ったら、まったく逆だった。今度は、あんなことがあったのに、「図々しい奴だ」「ふてぶてしい奴だ」と言われた。そして「冷たい」とか「暗い」とかいう代名詞を付けられた。

スキャンダルの嵐が、やっと何とか去ったと思ったら、さらにひどいことが待っていた。今度は僕が、人間不信に陥るような出来事だった。

'91年のシーズンに向かって、準備を始めていた頃のことだ。

今度は、過度な不動産取得による、借金地獄だ。ちょうど異常な不動産過熱による、バブル経済のバブルが弾けて、そのあおりを食らった感じだった。

とは言っても、僕自身が不動産取得に狂奔していたわけではない。不動産の売買なんて、僕は未だによくわからない。大切な自分の財産のことなのに、人に任せ切りにしたのがいけなかった。

人に任せたとは言っても、すべて信用できる人ばかりだったが、裏切られすっかり人間不信に陥ってしまった。気がついてみると、過剰な土地投機に対する国の引き締め策によって、金利だけでも年に一億円近い借金だけが、僕に残っていた。負債総額は、一〇億を軽く超えていた。想像を絶する莫大な借金だ。

一時は、もう誰も信用できなくなった。

裁判に訴えようかとも考えたが、裁判の精神的な負担はよく知っているし、今度は家族にも重荷を背負わせることになる。そもそも全部任せてしまった僕自身が悪かったのだと考えた。そこで裁判はやめて、自分で全部責任を取って、借金を支払うことに決めた。ところが、バブルが弾けて、地価の下落が始まっていたから、自宅はもちろんのこと、不動産をすべて売却しても、まだ足りない。不足分は銀行に融資を依頼した。借金を返済するために、また借金をしたことになる。

永年の夢だった自宅を、わずか一年で手放すのは、残念だしつらかったけれど、止むを得なかった。返済策を作るに当たっては、球団にもお世話になった。心から感謝している。

ゼロからの再出発だ。家も失った。財産も取られた。今まで以上に、野球に打ち込むしかないと思った。ここで頑張らなくては、自分がダメになってしまう。

そう思って、'91年のシーズンは、耐えて頑張った。

ヤジに、新しいボキャブラリーが加わった。「投げる不動産屋!」「借金王!!」というやつだ。不動産をどう扱ったらいいかも知らない不動産屋なんているか。誰が借金王になんか、なりたいものか。

結果は28試合に登板、完投17、16勝8敗だった。防御率3・16。投球回数は227回と⅔。逆境ほど燃える、桑田真澄らしい結果だ。

しかし、孤軍奮闘だった。ジャイアンツは4位に甘んじた。

「借金あります 結婚させて下さい」

「あ、もうこの女性しかいないな」

そう思って、'91年の12月に、嫁さんの真紀と結婚した。

知り合ったのは四年ほど前だったけれど、もともとは、年に二度くらいしか会わない相手だった。僕なりにいろいろな女性と付き合ってきたが、最後に支えになってくれたのが、彼女だった。ずっと応援してくれて、待っていてくれた女性だった。

騙されて、利用されて、自宅も財産も全部なくなって、人間不信に陥ったすえに決心した結婚だった。もちろん借金のことも何もかも、真紀には話した。

皆さんが抱いているイメージとは、違うかもしれないけれど、僕もけっこう女性と付き合っていた。べつにモテたわけじゃない。

「家がちょっと大変なんで、お金を貸してよ」と言われて貸したら、そのお金で旅行に行ってきたという女の子もいた。モノをあれこれ買ってちょうだいという子も、お金お金という女性もいた。

そんな女性ばかりと付き合っていたわけではなくて、性格のいい子もいたし、今でも応援してくれている人もいる。

真紀には、年に何回か会ったときに、そんな女性たちの話をしたり、「これがオレの彼女だ」などと、写真を見せたりもしていた。そんな僕を待っていてくれたのだ。

そして彼女は、何を買ってほしいとか、どこに行きたいとか、全然言わない女性だった。それは今でも変わらない。そんな点は、助かっているし、ありがたいとも思っている。真っ直ぐな考え方の女性で、今でも僕の愚痴をいろいろ聞いてくれる。人前では絶対に愚痴を言わない僕も、実は嫁さんの前では、けっこう野球のことでもいろいろ言っているんだ。その日のゲームで、不満に感じたことなんかを。

嫁さんは、野球に詳しくないから、ただフンフンと聞いてくれる。それで僕はストレスを解消できるというわけだ。僕と付き合い始めた頃など、野球のことを全然知らなかった。冗談みたいだけれど、「打ったら、左にも行けばいいじゃない。なんでみんな、右にばっかり行くの?」なんて言っていたくらいだ。

だから、僕の高校時代のことなども、まったく知らない。甲子園の僕や清原君の活躍を知らない同世代の人間がいるなんて、信じられないけれど、野球にまったく関心がなかったらしい。かえってそれで良かったのかもしれない。

あの借金問題のときも、その後の不調の二年間も、僕の支えになってくれたのは、嫁さんだった。絶望の淵から、救いだしてくれたと言ってもいいだろう。不調のドン底だった'92年と'93年には、徹夜でシャドー・ピッチングをする僕のフォームを、ビデオで撮るというような、協力もしてくれた。'94年に、あの理想のピッチング感覚が戻ったのは、嫁さんのおかげでもある。本当に感謝している。

結婚を申し込んだのは、自宅を含む不動産を処分して、莫大な借金の返済計画を立てた頃だった。本人はOKしてくれたものの、ご両親がどう思われるか心配だった。

真紀のお父さんに、僕がまず言ったのは、

「お嬢さんと、結婚させて下さい」ではなく、

「実は、これだけ借金があります」だった。

まずそれを言ってから、結婚をきりだした。

おそらく断られるだろうという、気持ちだった。23歳の青年にしては、とにかく想像を絶する金額の借金なのだ。と同時に、絶対に大丈夫だ、という気持ちもあった。

僕の申し出に対して、お父さんはこんなふうに言われた。

「これだけの借金だが、逆にキミが順風で来ていれば、これくらいの財産を作っていただろうとも考えられる。そういう財産があるところに、うちの娘をやるよりも、こういうつらいときに、そりゃあ心配ではあるけれど、こういうときにやるほうが、かえっていいと思う。二人で力を合わせて、頑張りなさい」

お父さんのこの言葉に、僕は感動した。うれしかった。そして、

「絶対に頑張ろう。また練習をしよう」と思った。

僕の場合、いつも最後は練習につながる。

この結婚をバネに、よし、頑張らなきゃとやって、'92年が10勝だ。これじゃダメだ、もっと頑張らなきゃとやって、何と8勝だった。

どんどんダメになっていく、頑張れば頑張るほどダメになっていく感じだった。

逆境だったけれど、充実した二年間

今は結果が出ていないけれど、必ず何年か後に、これがプラスになる。それを信じて、懸命に努力した。

しかしつらい二年間だった。'92年と'93年、この二年間が、どれだけきつかったか。プロ野球選手として、これ以上はないというほどの逆境だった。

でもこの二年間が、僕がプロで九年間やった中で、最も充実した二年間でもあった。ものすごい逆境にいて、それを何とか跳ねのけようと、本当に一生懸命努力した二年間。最高に努力した二年間だった。

頑張れ頑張れと、自分を励ましながらやった二年間だったけれど、僕も本当は弱い人間だ。ついつい弱気になる。それに負けないように、自分を励まし続けるしかなかった。

ヤジには慣れているつもりの僕でも、「投げる不動産屋」とか「借金王」などと、ボロカスにヤジられると、やはり嫌なものだった。試合前に、みんなとランニングしていても、僕だけヤジられる。とにかく相手チームのファンは、僕を潰したいのだ。ヤジを聞いて、クスクス笑うチームメイトもいた。嫌だったけれど、マイペースを貫くしかない。「他人の評価は関係ない」と言い聞かせて、「オレは頑張るんだ」と自分を励まし続けた。

ヤジ以外にも、球場ではずいぶん嫌がらせを受けたものだ。

スタンドから、ジュースや牛乳パックを投げつけられたこともある。ユニフォームにかかった牛乳の臭いこと、臭いこと。横浜球場のあの高いフェンスの向こうから、何かかけられた。頭から顔にかけて、ドローッと落ちてきた。何だろうと見ると、痰だった。ひどいことをするものだ。新聞紙を丸めて濡らしたやつを、投げつけられたり、氷の塊をぶつけられたこともあった。そして、ハンドマイクで、「不動産屋! 桑田、借金王!」というヤジだ。

それに負けずに頑張って、'92年は10勝14敗。10勝挙げれば誉められる投手もいるけれど、僕の場合はそうじゃない。これで年俸を一千万円近く下げられた。防御率は4・41と最悪だった。自分でも、もちろん不満だ。

ジャイアンツも惜しいところで、ヤクルトに2ゲームの差をつけられ、2位に終わった。藤田元司監督三度目の胴上げは、ならなかった。そして、藤田監督はこのシーズンで勇退し、'93年からは、長嶋茂雄監督が、ジャイアンツの指揮を執ることになった。ファン待望の、長嶋監督の復帰だった。

改めて、もっと頑張らなきゃと、自分を励ましてやってみたのだけれど、結局'93年の成績は、8勝15敗。完投数も8に落ち込んだ。防御率は3・99。頑張れば頑張るほど、なぜかダメになっていく感じだ。これでまた年棒を、一千万近く下げられた。

長嶋巨人は、3位に終わった。日本中のファンの皆さんが、夢にまで見た長嶋監督の胴上げは、実現しなかった。その最大の責任は、僕にあると言われた。Vを逸した主犯、A級戦犯とまで言われ、ジャイアンツのファンからも、僕はヤジられた。

本当にきつい二年間だった。いくら努力しても、結果が出ないのだ。

でも僕は、ここまでこの本に書いてきた、いろいろな言葉を、繰り返し繰り返し自分に言い聞かせて、練習を続けた。

「オレが一番大切にしているのは、プロセスなんだ。今は結果が出ないけど、必ず何年か後には、今やってることがプラスになる」

そればっかり信じて、挫けそうになる自分に、いつも言い聞かせていた。

しかし肩の調子も良くなかった。肩が痛いわけではないのだけれど、何となくおかしい。理想のピッチング感覚など、一体どこにいってしまったのだろう、という感じだった。でも肩の治療は全然しなかった。もともと僕の右肩は、ちょっと変わっている。肩峰という、肩甲骨の先の部分が上がっているのだ。普通は肩の状態が悪くなると、肩峰と上腕骨の間にある肩板の部分が、擦れて傷が付きやすくなる。でも僕の肩峰は上がっているから、擦れにくい。肩を痛めるということが、まずないのだ。調べてもらったら、左の肩峰は正常だった。生まれつき右だけ、ピッチャーとして都合が良い具合に、異常なのだ。

これを僕は「異常の正常」と呼んでいる。

そういう恵まれた右肩をしているのだけれど、この二年間は、肩の状態が悪かった。そこで、その原因をいろいろ研究してみたのだけれど、実は体のバランスが崩れていたからだったのだ。肩痛の原因には、疲労とか投げ方が悪いとかあるわけだけれど、それはイコール体のバランスが崩れているからなのだ。そこで僕は、肩の治療はせずに、体の左右上下のバランスを整えることだけを主眼に、トレーニングしたのだった。

チューブを使って、細い筋肉を強化するとともに、ＰＮＦでバランスを取るトレーニングを続けた。ＰＮＦというのは、アメリカで確立された、筋力トレーニング、リハビリの方法で、固有受容性神経筋促進手技という、ややこしい日本語に訳されている。筋力のバランスを取ることによって、運動能力を高めるとともに、故障を防ごうとする方法だ。

大切なのは、バランスなのだ。野球でも人生でも、バランスが大事だと思う。

そして、シャドー・ピッチングを続けた。前に書いた《理想の感覚》を、求めて。本当に、寝ずにシャドーをやったものだ。それを嫁さんに、ビデオカメラで撮ってもらった。前から、後ろから。今度は斜めから。横から、反対の横から。一心にシャドーをする僕に、よく嫁さんも付き合って、フォームをビデオで撮ってくれたものだ。改めて感謝している。毎日毎晩シャドー・ピッチングをするから、次第に絨毯が擦り減ってくる。場所を変えて、またやる。そこも擦り減る。今度は絨毯を回して、またやる。

ある夜、よしッ掴んだ、と思う。次の日、グラウンドに行って、キャッチボールをするまでの、緊張感がすごい。パッと投げてみる。いいぞ、いいぞ。いよいよバッターを立たせて、ホームに投げてみる。力を入れて本気で投げてみると、全然ダメなのだ。あぁ、これでもないのか。その連続だった。何十通りのフォームを、試みてみたことか。極端に言えば、あの二年間は、毎月ピッチング・フォームを変えていたほどだ。

ときどき、夜ひとりで海を見に行った。

東京湾の晴海埠頭。それから羽田に近い大井の埠頭のあたり。波の音を聞いて、海を眺めて、あぁ、自然ってすごいなぁと思っていた。

「こうやって自分は毎日悩んでいるけれど、この海のように、この自然のように、もっと大きくならなきゃダメだな。よし、また明日から頑張ろう」と、元気を出したものだった。改めて考えてみると、僕はずいぶん自然に影響を受けている。グランド・キャニオンもそうだったし、この時期の海もそうだった。

結果は出なかったけれど、とにかく、今やっていることが、絶対にいいことにつながると信じてやった。今この努力しているプロセスが、将来のために大事なのだと、信じて練習を続けたのだった。

だから、'93年のシーズンが終わったときに、僕自身には充実感があった。努力をした自分に、納得していた。これは、だいぶ自分が磨けてきたな、と実感したのだった。どんなに悪いシーズンでも、こんなふうに思えたら幸せだな、と感じていた。

でも、この逆境の二年間に努力した結果が、早くも94年のシーズンで出るとは、予想していなかったし、期待もしていなかった。こんなに早く結果が出て、優勝に貢献できて、自分自身も数々の栄誉を受けることになるとは、思ってもいなかった。

それにしても、努力するプロセスが、やはり大事だったのだと、改めて感じている。あのプロセスがあったから、10・8決戦にも勝てたのだ。中2日で、しびれる場面に登板しても、長嶋監督の期待に応えて、抑えることができたのだ。あれがあったから、胴上げ投手にもなれたのだ。

そしてもう一度、長嶋監督を胴上げしたい。もう一度、長嶋監督のあの素晴らしい笑顔を、日本中の皆さんに見せてあげたい。

でもそのためには、日本シリーズで、西武ライオンズに勝たなければならないのだ。

〝勢い〟が、何とかしてくれる

あのとき信じられたのは、〝勢い〟だけだった。

10・8決戦で中日を倒し、最後の最後にリーグ優勝を決めたあの〝勢い〟が、ジャイアンツにはあった。

この〝勢い〟が何とかしてくれるだろう、それが僕の考えだった。

'94年の日本シリーズでジャイアンツは、王者・西武に四年ぶりで挑戦することになった。長嶋巨人としては初めての、常勝・森西武への挑戦だった。客観的な評価は、「ジャイアンツは勝てるはずがない」だった。

僕が評論家でも、絶対に西武有利と予想しただろう。ホームラン数、盗塁数、守備、どれを分析しても、巨人は西武にかなわない。戦力比較だったら、絶対に西武が有利と誰もが認めていた。

例外は長嶋監督だけ。シリーズが始まる前から、「4勝2敗で勝つんだ」と宣言していた。選手に暗示をかけていたのだろうか。

第1戦の朝も、「きのうの夕方、白い鳩がたくさん群れになって飛ぶのを見た。まるで巨人を励ます吉兆のようだった」と語り、マスコミに話題を提供していた。

しかしジャイアンツの〝勢い〟には、すごいものがあった。「この〝勢い〟が続けばいいな」と僕は思っていた。この〝勢い〟が何とかしてくれる!!

きっと長嶋監督も、このチームの〝勢い〟を敏感に感じていたのだろう。『時の勢い、瞬時にジャッジして、選手にスムーズに理解してもらうこと』がセオリー重視の野球に優るというのが、監督の考えなのだから。

よく長嶋監督のことを〝カンピューター〟などというが、確かに独特の動物的な勘を備えた人だけれど、基本的なデータはきっちり押さえている。『データに基づいたセオリー野球は、プロとして当たり前。私たちは、その更に上をいく野球を目指す』というのが、長嶋野球なのだ。落合さんが出られない状態でも、投手陣が抑え切るという、データに基づいた計算も、長嶋監督にはあったはずだ。

10月22日、東京ドーム。第1戦の先発マウンドに、僕が立った。

初戦のピッチャーの役目は、データ通りに投球して、西武のバッターをチェックすることだ。しかし僕はこの日、データ通りのピッチングをしたくなかった。少なくとも、清原君に対してだけは。

「村田さん、データ通りはやっぱりやめよう。清原だけは、こうやって攻めさせて」と僕は言った。しかし村田さんにも、山倉和博バッテリーコーチにも、「いや真澄よ、データ通りでいってくれ。打たれてからでも遅くない。大丈夫だから」と言われて、結局データ通りに投げた。初戦の投手の役目に、徹したのだ。

1回は、無難な立ち上がりだった。3者凡退に退けた。2回表に、清原君との初対決を抑えた。対清原については、外角が安全パイだから、そこへ投げろと言われていた。でも外角に投げて、ライトにホームランを打たれても、ホームランはホームランだ。球場は右も左も同じ広さなんだし、と僕は考えていた。清原君はインコースが弱点だから、確率的にみたら7対3くらいだ。そこを攻めてレフトにホームランを打たれたって、一般的に安全だという外側に逃げて、ライトに打たれるのと一緒だから、それだったら攻めたほうがいい、というのが僕の考えだ。野球は確率のゲームでもある。そういう面から見ると、内角勝負なのだ。

でも指示通りに投げたら、その外側のスライダーを清原君に打たれて、案の定ライト・スタンドに入れられた。見事に打ち返された、先制のホームランだった。

3回、佐々木さんにも外角の球を、レフト前に2点タイムリー・ヒットされ、清原君にライト前へ運ばれて、計4点を失った。

やはりこれではダメだったと思って、4回からは攻め方を変えた。バッター一人一人に対して、ポイントをチェックしながら投げた。新しいデータが、僕の中に蓄積された。4、5、6回を投げて、打たれたのは辻さんの内野安打1本だけ。清原君も三振に取った。

6回裏勝負に出た監督は、代打に福王さんを送り、僕はマウンドを降りた。

3イニングスを抑えて、「よし、わかった」と感じての降板だった。3回4失点したところで、もし交代させられていたら、きっとダメだったろう。西武の打者を掴みきれていなかったから。一度9人を抑えての降板だったから、槙原さんにアドバイスもできたのだ。あのとき投げ続けさせてくれた監督には、本当に感謝している。

しかしリリーフ陣は、西武の攻撃を抑えきれず、また打撃陣は、渡辺久さん、橋本さん、潮崎君、杉山君、鹿取さんという西武の豪華な投手リレーに、わずか4安打に完封され、11対0で巨人はKOされてしまった。

その夜のミーティングで、僕は槇原さんに言った。

「槙さん、データはもう忘れましょう。1試合見たから、もう頭に入っているでしょう。あしたマウンドに立ったら、自分のピッチングをして下さい。きっとシャットアウトしますよ」

槇原さんは、苦笑していた。「そんなの、できるわけねえだろう」なんて顔をしていた。でも僕は本気で言っていたのだ。

この日のベンチでは、一瞬のことだけれど「ああ、やっぱり4タテでやられるかな」と思ったのも事実だ。

でもすぐに、「いかんいかん。今年は違うんだ。オレはまだあと2回投げるチャンスがある。1戦、5戦、7戦と投げるつもりだったじゃないか。きょうはこれで終わってしまったけれど、次に先発したときには、ぜひ完投しようじゃないか」と、思い直した。

そしてその夜は、敗戦のショックもなく、すぐに寝ついた。どんなときにでも、すぐに寝られるのが僕の特技だ。

第2戦の結果は、うれしかった。自分のことのように、うれしかった。

僕が予言した通りになったのだから。

第2戦も東京ドーム。槙原さん、工藤さんの投手戦になった。西武のヒットは4本。巨人のヒットはわずか2本。しかしそのうち1本が、貴重な得点を叩きだした。10・8決戦で肉離れを起こした落合さんに代わって、4番に入っていた原さんが、1回の表にレフトの右へ打ったヒットによる1点だった。

槙原さんは、この1点を守り通した。9回表、2死。鈴木健君の一打は、強烈なライナーとなって、センターの正面へ飛んだ。前進してきた屋舗さんが、難しい打球に飛びついた。手首を捻挫するほどの、ファインプレーだった。

1対0で、西武を完封だ。対戦成績は、1勝1敗のタイになった。

『かならずまた、東京ドームに戻ってきます』と、長嶋監督はファンの皆さんに約束した。3、4、5戦は、西武ライオンズ球場で行われるのだ。

最高に燃えた瞬間

いつも以上に、気合いを入れて、ボールとお喋りをした。ボールにブツブツ呟く、あの桑田流投球術だ。

10月25日、舞台を西武球場に移した第3戦。巨人・ジョーンズ、西武・小野さんの投手戦となった。初回、西武の名手・辻さんに、信じられないような悪送球が出て、ジャイアンツは幸運な1点を先制した。

指名打者で4番に復帰した落合さんが、2死2塁に川相さんを置いて、センター前にヒットを放った後に出た、辻さんのミスだった。落合さんは左足を引きずりながら、1塁に駆け込んだ。怪我がまだ治っていないのだ。

4回裏、1死3塁に佐々木さんを置いて、清原君が打席に入った。ジョーンズの投げた内角の速球を狙い打ち。レフトのフェンスを直撃した。2塁打コースだったのだけれど、清原君はスタンドに入るとでも思ったのだろうか、打球の行方を追いながらゆっくり走ったため、シングル・ヒットになってしまった。鈴木健君のヒットが続いたから、西武にとっては惜しい、清原君のミスだった。

西武の小野さんは、的を絞らせないうまいピッチングで、8回を1失点でしのいだ。ジョーンズも1失点で、橋本君につなぎ、8回から石毛君がマウンドに上がった。これは早すぎる継投策と、映ったかもしれない。しかしまだ僕がいた。第3戦も、出る場面があるかもしれないと、準備していたのだ。

1対1のままゲームは、延長に入った。西武のマウンドは、9回から石井丈さんだった。10回表、ジャイアンツの攻撃。村田さんのヒットを足掛かりに、満塁にして川相さんだ。3球目の外角の速球を右へ。これがライトへの犠牲フライとなって、貴重な1点が入った。

10回裏が始まる前、山倉さんに「3番からいくぞ」と言われた。準備はできていたから「わかりました」と答えて、戦況を見守った。

石毛君が先頭打者の大塚君を、3塁邪飛に取った。次が3番の佐々木さんだけれど、ワン・アウト取ったから、石毛君の続投かなと思った。ランナーが出たら僕の登板だろう。でも、あっさりワン・アウト取ってしまったから、このまま続投だろうと思ったのだ。

しかし、長嶋監督がパッとダッグアウトを飛び出した。

「あぁ、やっぱりいくか！」

それは、最高に燃えた瞬間だった。

10・8に続いてまた、しびれる場面でチャンスが与えられたのだ。勇躍マウンドに向かった。

中2日の登板だったけれど、僕には自信があった。

科学的データよりも、人間の能力のほうがすごいのだ。科学的トレーニングがどうのこうの、ウエイト・トレーニングのやり過ぎだどうのこうのと、不調だった二年間、さんざん叩かれてきたけれど、僕には自信があった。練習もし、節制もしているから、あぁいう場面でそれが自信となって、生きるのだと思う。

ローテーション入りした2年目から、僕はずっと年平均200イニングス以上、投げ続けている。八年間の平均が約208回だ。

1シーズン平均200回以上投げているのは、僕だけだ。科学的データに反した結果だろう。中2日というのも、科学的には否定されることだろう。でも僕にはできる。科学よりも、人間のほうがすごいのだ。

自信は練習に裏打ちされている。練習のやり過ぎは、科学的に良くないと、さんざん言われたけれど、僕はそう思わない。やはり優れた選手ほど、よく練習している。絶対にそうだ。メジャーリーグの選手でもそうだ。そして、そういう人は長持ちする。強いけれど、あまり練習熱心じゃない選手は、すぐに終わってしまう。燃え尽きるのが早い。いかに頑張るか、それだけだと思う。

一球一球、ボールに呟きながら投げた。いつも以上に、気合いを入れてボールとお喋りをした。

普通、先発したときには、ワン・アウト取るごとにボールに「ありがとうございました」だ。でもこの延長10回のマウンドでは、ワン・ストライク取るごとに、「ありがとうございました」だった。10・8決戦以来のことだ。

それにしても、ストライクを取るたびに、ボールに「ありがとうございました」と言っているピッチャーなんて、他にはいないだろうなぁ。

'94年のシーズンには、僕のこの呟きピッチングが話題になって、ずいぶんマスコミにも取り上げられた。ついに、僕の唇の動きを、読唇術をする人に解読させるところまで現れた。解読の結果は、

「お母さん！」

思わず笑ってしまった。いくら何でも、試合中に「お母さん」とは言わない。データや注意すべき点を、ボールに語りかけることも、ないわけではないけれど、ほとんどは「ありがとうございました」と、言っているのだ。

でも読唇術者まで登場してしまったから、いろいろな国の言葉で言うようにしている。韓国語、ポルトガル語、台湾語、英語、スペイン語などなど。

10回裏。佐々木さんをサンダーボールで三振。清原君には、うまくレフト前に運ばれたものの、最後の打者鈴木健君を1塁ゴロに打ち取った。これもサンダーボールだった。

雄叫びとともに、ガッツポーズが出た。

2勝1敗と、長嶋巨人が勝ち越した。

やられたら、やり返す！

まだ〝勢い〟が続いている。

打線が爆発するには至っていないが、投手陣が頑張って、西武打線をそこそこに抑えてきた。それが3戦を終わっての印象だった。

26日の第4線は、一転して乱打戦となった。ジャイアンツは松井君、西武は清原君のホームランも飛び出した。押して引いて、押して引いてという、試合展開だった。

9回表、5対4と1点リードされての、ジャイアンツ最後の攻撃。2死、絶体絶命の場面で、長嶋監督は4番指名打者の吉村さんに代えて、代打に大久保さんを送った。2球空振りして、2−1と追い込まれた。4球目は、高めのボール球だった。ここで奇跡的な一振りを、大久保さんがやってのけた。豪快にレフト・スタンドに飛び込む、同点ホームランを放ったのだった。ドラマチックな1発だった。しかし逆転はならず、延長戦。

結局この第4戦は、延長12回裏に佐々木さんのサヨナラ・ヒットが出て、ジャイアンツは敗れた。2勝2敗のタイだ。敗れはしたものの、まだ〝勢い〟は続いていると思った。信じられないような、あの大久保さんの1発で、その〝勢い〟が加速したような印象だった。

第5戦。27日、西武球場。このゲームに勝てば、ジャイアンツは王手をかけて、長嶋監督の約束通り東京ドームに戻れる。

また、僕の出番がやってきた。中1日での先発のマウンドだ。

最初から、完投ペースで投げ始めた。八分くらいのペースだった。あれよあれよという間に、1死2、3塁のピンチ。ここで清原君に打たれてはまずいと、必死のピッチング。犠牲フライの1点で、何とか抑えた。これは覚悟の1点だったから、負担にはならない。

我慢して投げていたら、3回に吉村さんが渡辺さんから、ソロ・ホーマーを打って追いついてくれた。始めは、5、6回から飛ばす完投ペースを考えていたのだけれど、同点にしてくれたので、3回裏のピッチングから、飛ばしていくことにした。

ちょっと早いかなとも思ったけれど、中1日とはいえ、体力的には自信があったから、「よしッ、いけ」と気合いを入れて、方針をチェンジして投げ始めた。

6回表、渡辺さんに代わっていた杉山君から、なんと緒方君が満塁ホームランをかっ飛ばした。シーズン中には1本も打っていなかった緒方君が、見事なアーチをレフト・スタンドに架けて、事実上ゲームを決めてくれた。5対1とジャイアンツがリード。

西武では、清原君が一人で気を吐いていた。皆さんも、いわゆるＫＫ対決を楽しまれたことだろう。僕も清原君との正面からの対決を、楽しんだ。別に自分で演出したつもりではないけれど、点差があったから、力の勝負を挑んだのだった。6回裏、ワン・アウト後の対決。146キロのストレートを、バックスクリーンへ叩き込まれた。8回にはやはりワン・アウトから、今度はスライダーを、やはりバックスクリーンへ、見事に打ち込まれた。清原君にとっては、シリーズ史上3位タイの、通算13号ホームランだった。

結局このゲームで、僕は3失点したのだけれど、3点とも清原君の打点だった。負け惜しみじゃなくて、打たれて良かったと思う。これで僕は、うぬぼれなくてすむのだ。「今度やるときには、清原を抑える」と、また清原君の1発を思い出して、自分を磨く。これが、何にも替えがたい素晴らしいものなのだ。

だから僕は、清原君に打たれても堂々としていた。絶対に、僕にプラスになると思うからだった。

7回、堀内コーチに交代を告げられた。でも「もうちょっと、投げさせて下さい」と、マウンドへ向かった。8回、チェンジになって帰ってきたら、「もういいだろう?」と言われた。

「いや、すみません。リリーフには悪いですけど、最後まで投げさせて下さい」

リリーフ陣も、投げたかっただろうとは思う。堀内コーチとしては、第7戦のことも考えていたに違いない。

「もういいよ。まだ次があるんだから」堀内さんは言う。でも、

「いや、コーチ、ここで降りたらもうダメなんですよ。これを完投しても、次も絶対大丈夫ですから」

どうしても、ここで初戦の借りを返しておきたかった。だから、わがままを通させてもらったのだ。投球数は、167球に達した。

やられたらやり返す!

8回、9回にも、味方が得点してくれて、終わってみれば9対3の大差での勝ちだった。3勝2敗。ついに王手をかけた。そして舞台はふたたび東京ドームに移る。

ふたたび、長嶋監督が舞った！

本当に、〝勢い〟が、何とかしてくれそうだった。

監督の約束通り、長嶋監督は王者・西武に王手をかけて、満員の東京ドームに帰ってきた。10月29日、第6戦。

第7戦まで行ったら、自分が投げたいという気持ちはあった。もし第7戦に投げると、中2日、中1日、そしてまた中2日での登板になる。さすがの僕も、体は疲れていた。でも投げてもいいかな、という気持ちだった。

しかし本音は、「お願いします。きょう決めてくれ！」だった。

第6戦も、槙原さん、工藤さんの対決になった。

槙さんの立ち上がりは、今ひとつだった。でも2回に岡崎さんの犠牲フライ、3回には岸川さんのライト線2塁打が出て、2対0とリード。槙さんは我慢の投球を続けた。

3回表には、鈴木健君のライト前ヒットを、松井君が見事な返球でバックホーム。ランナーの辻さんを、ホームでタッチアウトにする好プレーも出て、盛りたてた。4回以降は、西武にチャンスを与えなかった。

僕も、もちろん用意はしていた。8回、9回とブルペンに行って斎藤さんと並んで投げて、二人とも用意はした。点差が少なかったし、8回表に西武も1点取ったから、もうひとヤマあるのかなという気もした。

でも8回裏に、ヘンリー(コトー)のホームランが出て、「あッ、これで決まった」と思って、そこでピッチング練習をやめた。そして斎藤さんとベンチに戻った。

何となく、もうひと波乱あってもよさそうだったのだけれど、西武はうまく流れをとらえることが、できなかった。この日は清原君も、槙さんにピタッと抑えられていたし、もう西武が戦意を喪失しているように、あるいは皆さんには見えたかもしれない。

選手は決してそうではないのだけれど、そう見えてしまうのが流れなのだ。この流れというのは、変えようとしても変わらないものだ。神のみぞ知るということなのだろうか。

流されずに踏ん張れるかどうかというのは、やはり結果にとらわれずに、ベストを尽くすことだけに集中しているかどうかだ。それができる人は、流れを打ち破れる確率が高いだろうと思う。

9回表2死。ベンチも湧いていた。さぁ飛び出そうと、ベンチの左隅のほうにみんなが固まっている。僕と斎藤さんは、なぜか真ん中で二人で肩を組んでいた。

「良かったなあ」と言い合って、肩を組んでいたのだ。

僕と斎藤さんが、ここにこうしている。その前で投げているのが、槙原さんだ。

ジャイアンツの投手陣は、とても仲が良い。仲良くみんなで頑張ってきたと思う。とりわけ、三本柱と言われた僕たち三人は、味方がどんなに打てなくて、点が取れないときでも、三人で頑張ってきたという気持ちがあった。

僕が調子の悪いときには、斎藤さんと槙原さんがカバーしてくれて、二人が調子悪いときは僕がカバーしてきた。そういう意識が強かった。

だからあのときも、僕ら二人は準備ができているけれども、僕らに代わるんじゃなくて、槙さんがそのまま、日本一の胴上げ投手になってくれという思いだった。それが僕らの「良かった、良かった」だったのだ。そう言いながら、僕と斎藤さんは、肩を組んで抱き合っていた。

槙さんが、最後の打者・垣内君を見逃しの三振に打ち取った！

日本一だ!!

スタンドも、どよめいた。歓喜に揺れた。

斎藤さんと肩を組んで、マウンドの槙さんに駆け寄った。

胴上げだ。日本一の胴上げだ!!

ふたたび、長嶋監督の体が宙に舞った。

今度は本拠地の東京ドームだ。今回は六度、監督が舞った。

「監督、もう一回、やりますよ!」と、10月8日に約束したことが、現実になったのだ。

また長嶋監督のあの素晴らしい笑顔を、皆さんに見せてあげることができた。

日本中の誰もが待ち望んでいた、日本一の笑顔だ。みんなが幸せになる、不思議な魅力に満ちた笑顔だった。

チャンピオン・フラッグを手に、長嶋監督を先頭に、場内を一周した。スタンドも歓喜の渦だ。東京ドームが、歓喜に揺れていた。

本当に充実した1994年が、こうして終わった。

前に、皮肉ではなくて、打てない打撃陣にも感謝をしていると書いたけれど、投手陣にも同じ意味で感謝している。ジャイアンツの、レベルの高いピッチャー陣のおかげもあって、僕はここまで来れたのだと思う。

僕は基本的にマイペースで、周囲のことは気にしていないつもりだけれど、やはりレベルの高い投手陣の中にいることによって、もっと頑張ろうという気持ちにもなる。そういう中で生きていると、強くもなる。そういった意味で、特に槙原さんと斎藤さんには感謝している。本当にありがたいな、と思っているのだ。


『心労もすべて、胴上げの瞬間に飛んでいきました』

日本テレビで翌日開かれた、優勝祝賀会での長嶋監督の言葉だ。

『ファンの皆様さまと一体となり、まさに地鳴りのような、天井が張り裂けんばかりのどよめきの中での胴上げに、改めて感謝したいと思います』

皆さんの「ありがとう」に感激

『ありがとう！　日本一をありがとう!!』

銀座を埋めつくした、ファンの皆さんが、そう叫んでくれた。

10月30日、日曜日。五年ぶりに日本一を奪回した、ジャイアンツの優勝記念パレードが行われた。

「五年前ってどうでした？　桑田さん？」

若い選手たちが、僕に聞いた。彼らはほとんど、五年前の日本一を知らないのだ。

「そりゃぁ最高だったよ。あんな気持ちのいいものはないね。人がもうイッパイでね、ほんとに良かったよ」

「でも、きょうは残念だな、日曜日だからあんまり人がいないと思うよ。五年前は、本社に挨拶に行ったら、もう本社のまわりが人でイッパイ！　身動きもできないほどだった。ウイークデイだったから、ビルの窓からみんな紙吹雪なんか撒いてくれてさ、それはもう良かったんだぞ」

先輩風を吹かせて、僕も珍しく饒舌だった。

案の定、大手町の読売新聞社のまわりに、前のときのような群衆はなかった。

オフィス街だから、日曜日は閑散としている。

「ほらな。おまえら、かわいそうだな、人がほとんどいないよ」

それでもみんな、予定通り、七台のオープンカーに分乗した。

「はい、パレード出発します」

長嶋監督、須藤ヘッドコーチ、吉村選手会長が乗った、1号車を先頭に、静かにパレードがスタートした。やがて車の列は右に曲がって、外堀通りに入った。

「桑田さん、いるじゃない!! これでも、前より少ないの?」

「いや! 前より多いよ!!」

東京駅八重洲口から銀座、新橋へ続く、あの広い通りが、人、人、人で埋めつくされているじゃないか。

八重洲口を過ぎたあたりで、パレードはストップしてしまった。ファンの皆さんが、車道に飛び出してきて、車を取り囲む。さっきまで七台で列を作っていたのが、車と車の間が人で埋まって、動けない。ノロノロと進むのだけれど、車間距離が次第に開いてしまう。その間を、ファンの皆さんが埋めるのだ。人波に呑み込まれてしまった。

皆さん、手を振って口々に叫んでいる。

「ありがとう！」

五年前のときは、「おめでとう、おめでとう」だけだった。それが今回は、「ありがとう！　日本一をありがとう!!」が加わった。

うれしかった。感激した。僕は皆さんの「ありがとう」に、感激していた。

僕は、ちょうど真ん中の４号車に、槙原さん、斎藤さん、村田さんと一緒に乗っていた。三本柱と正捕手の組み合わせだった。

銀座で、パレードは最高潮に達した。とは言っても、人の波の中をノロノロと進むだけだ。ほとんど歩行者天国状態。ビルの窓から、紙吹雪が舞った。紙テープも飛んできた。どこからか応援のトランペットも聞こえる。対向車線の車もストップして、見物だ。窓やサンルーフから手を振ったり、クラクションを鳴らしたり。

そしてファンの皆さんが、次々に歩道からオープンカーに駆け寄る。握手を求められたり、肩を叩かれたり、腕を引っ張られたり！　そして皆さん口々に、「おめでとう！　ありがとう！　日本一をありがとう！」なのだ。

途中で奇妙な振動に気がついた。僕たちが乗った車は、ノロノロと進んで行くわけだけれど、ときどきガタンゴトンと上下に揺れる。周囲を埋めた人たちの足を、車のタイヤが踏んでいたのだ！

でも皆さん平気だ。それだけ興奮していたのだろう。夢中だったのだろう。家に帰って、自分の足についたタイヤの跡を見て、驚かれた方も多かったのじゃないだろうか。

遠くに離れた先頭車両を見ると、長嶋監督が何度も立ち上がっては、帽子を振り、頭を下げ、沿道の皆さんの歓呼に応えている。車に駆け寄った人々とは握手をし、おまけに群衆の交通整理までしている。「危ないよ、気をつけて」などと声をかけながら。

すごい人だ。改めて監督のすごさを、感じさせられた。

立ち上がった長嶋監督の、満面の笑み。最高の笑顔。あれだ。ファンの皆さんは、あれが見たかったのだ。あの笑顔で、みんなが幸せになれる。だから「ありがとう」なのだ。

大手町から新橋まで約４キロのパレードは、当初30分の予定だった。それが倍以上もかかった。それだけすごい人出だったのだ。

警視庁の調べで、17万2千人の大群衆だったそうだ。

皆さんの「ありがとう」には感動した。改めてこちらから、お礼を言いたい。

そしてまた、当日僕たちの警備に当たって下さった皆さんにも、心からお礼を言いたいと思う。聞くところによると、警視庁、丸の内警察など四つの警察署と機動隊から980人、民間の警備会社と合わせて、1000人以上の方々が、警備を担当してくれたのだそうだ。本当に感謝している。

その人たちの制止を振り切って、ファンの皆さんが駆け寄る。車の前にも飛び出す。ファンの皆さんは夢中で、一種のパニック状態だったから、警備の人たちに文句を言ったり、小突いたりもしていたようだ。気の毒なくらいだった。それでも最後まで、僕たちをガードし続けてくれたことに、心から感謝している。

日本一になれて、本当に良かった。

涙のチャリティ・パーティー

１９９４年は素晴らしい年だった。

最後の最後にも、素晴らしいことが待っていた。

12月6日に、通算１００勝達成の記念パーティを、開くことができた。これを、僕はチャリティ・パーティに、させてもらった。そして皆さんのご協力で、素晴らしいパーティになった。

ＰＬ学園の一年先輩に、清水哲さんという人がいる。

野球部の研志寮でずっと同室で、二年間親身になって面倒をみてくれた一番親しい先輩だ。隣室だった清原君も、よく面倒をみてもらった。僕にとっては、中学時代にお互いにエースで投げ合ったこともあるし、ＰＬに誘ってくれた恩人でもあった。

僕が2年生だった、１９８４年夏の甲子園。3年生の哲さんは、補欠ナンバーの背番号12ながら、2回戦から決勝戦まで、大事なところでヒットやホームランを打ち、4番の清原君やエースの僕よりも話題になったものだ。あの夏の「ラッキー・ボーイ」といえば、思い出す人も少なくないことだろう。

その哲さんは、PL卒業後は同志社大学に進学し、野球を続けた。大学1年の関西学生野球秋季リーグ戦でのことだ。フォアボールで1塁に出た哲さんは、ヒットエンドランのサインに、猛然と2塁にヘッドスライディングを試みた。そのとき2塁ベースに入ってきた相手のショートと、激突してしまった。ゴキンという鈍い音がしたという。

近畿大学医学部付属病院での、レントゲンによる診断結果は、「第四、第五頸椎脱臼骨折」だった。首の骨が折れていたのだ。すぐに手術をすることになった。僕と清原君は、中村監督とともに、すぐに見舞いに行った。ちょうど僕たちのドラフトが、取り沙汰されている頃だった。手術は成功したとのことだった。

しかし哲さんは、一命は取り留めたものの、首から下が麻痺してしまい、寝たきりの生活を強いられることになる。その後も何度も手術を受けたが、麻痺は治らない。懸命にリハビリに励んでいるけれども、一生車イスの生活を続けなければならないかもしれない。

今では、自分の人生を引き受けて、生きてゆく勇気を持った哲さんだが、自分の運命を知った頃は、文字通り人生に絶望していた。家族の皆さんのご苦労も、並大抵ではなかったようだ。そして哲さんは、死ばかりを考えていた。しかし残酷な話だが、両手両足が動かない状態では、自殺することもできない。

プロに入ってからも、大阪に遠征の機会には、見舞いに行ったり、電話をかけたりして、僕は哲さんを励まし続けた。しかし哲さんの絶望は深かった。

「桑田、もう殺してくれ！　こんな体で生きていてもしゃあない。家族にもみんなにも迷惑かけるだけや。殺してくれ！」

哲さんは何度もそう言うのだ。そんな哲さんに、僕は約束した。

「僕も頑張るから、哲さんも頑張って生きてほしい。今はまだぺーぺーで、プロとして全然力を発揮していないし、力もつけてないけど、一〇年後には、必ず何らかの形で援助されてもらいますから、とにかく頑張って生きて下さい」

哲さんはずっと治療やリハビリを続けていたから、その後も折に触れ経済的なことも含めて、自分なりにできる協力をしてきた。そして94年は9年目だったけれど、ちょうど100勝達成とも重なったので、その記念パーティを、哲さんとの約束の、チャリティ・パーティにしたいと考えたのだった。

昼間は千葉のゴルフ場でチャリティ・ゴルフ、夜は都内のホテルでチャリティ・パーティを企画した。これまで僕をいろいろな形で応援してきて下さった、各界の皆さんに参加をお願いした。でも僕は付き合いが下手な人間だから、どれだけの人が出席して下さるか内心不安だった。

ゴルフは、50～60人くらいの参加を予定していた。ところが２００人近い参加者があった。パーティのほうは、２００人を予定していたのだけれど、何と５５０人もの方々が出席して下さった。ものすごいパーティになってしまった。

そして皆さんが僕の気持ちを理解して、信じられないほどの協力をして下さった。

パーティには、長嶋監督も出席して、スピーチで盛り上げてくれた。ジャイアンツのチームメイトも、ＰＬの後輩たちも協力してくれた。愛用のグローブ、バット、ウエア、写真パネルなどなどを提供してくれたのだ。清原君も立浪君も、積極的に協力してくれた。

清原君はこの夜のために、早い飛行機の便で東京に戻ってきてくれたのだけれど、球団の選手会の役員になっているので、どうしても総会に出席しなければならず、欠席だった。清原君とは、「二人で哲さんの面倒をみような」と、ずっと約束している。

立浪君は東京に来てくれていたのだけれど、ゴルフ場に向かう途中で、お祖父さんの訃報が届いたため、Uターンして帰宅した。顔は出せなかったけれど、二人ともグローブやバット、写真など、いろいろ提供してくれた。

こうして集まった善意の品々を、パーティ会場でオークションで買っていただいて、そのお金を、哲さんに差し上げたいと考えたのだった。

オークションの司会は、福留功男さんと毒蝮三太夫さんが、務めてくれた。

お二人ともプロだから、楽しく明るく、上手に値を吊り上げて行く。どんどん吊り上げる。それに応えて出席者の皆さんが、びっくりするような金額で落札して下さった。おかげで、当初予定した五〇万円の三倍近い金額金額が集まった。うれしかった。福留さんと毒蝮さんには、本当に感謝している。たくさん買って下さった皆さんにも、もちろんだが。

このチャリティ・パーティは、哲さんには内緒でやろうと思っていた。あとで報告して、皆さんの善意を贈ろうと考えていた。ところがうかつにも、この日のパーティの案内状を哲さんにも、送っていたのだ。哲さんは、知ったら必ず来る人だ。手術のあとでもあったし、来れるような状態ではないと思ったので、「今回は我慢しといて下さい」と電話で言ったのだけれど、自分でチケットを手配して、やはり当日やってきた。

別室に待機していてもらった哲さんを、オークションが終わってから、会場に呼んだ。お母さんとお兄さんが車イスを押して、哲さんを連れて来てくれた。

皆さんが暖かい拍手で迎えてくれた。しばらく拍手が鳴りやまなかった。

「桑田と清原は、僕の分まで野球で頑張ってくれる分身です。彼らがまた生きる勇気を与えてくれました。桑田にはぜひ２００勝を達成してほしい」

皆さんの善意のお金を受け取ってくれたあとで、哲さんは差し出されたマイクに向かって、そんなふうに言ってくれた。

精一杯我慢していたのだけれど、とうとうこらえきれなくなって、涙が流れてきた。人前では決して涙を見せない僕なのに、この夜は感無量でとうとう泣いてしまった。

会場の皆さんにも、哲さんにも、心から「ありがとう」と言いたかった。

僕が頑張れる理由

あの人たちに比べれば、僕の頑張りなんて、大したことではない。

僕はいつもそう思っている。

そして、どんなに練習がきつくても、どんなに成果が挙がらなくても、どんなに試合が厳しくても、それを乗り越えて僕が頑張れるのは、あの人たちのおかげでもあるのだ。

清水哲さんが、最近本を出版した。手が動かないから、口に鉛筆をくわえて、それでワープロのキーボードを一字ずつ打つという、気が遠くなるような、努力と苦労をして書いた本だ。

『桑田よ清原よ生きる勇気をありがとう』(ごま書房)というのが、その本のタイトルだ。

でも「ありがとう」と言いたいのは、本当は僕のほうなのだ。

僕がプロで九年間を頑張り通してこれたのは、哲さんのおかげでもある。野球のこと以外でも、裁判もつらかった、謹慎もつらかった、借金ができたのもつらかったけれど、哲さんの苦しみに比べたら、ゴミみたいなものだ。いつも僕の頭には、それがあった。どんなにつらいことがあったって、哲さんが背負ったものにはかなわない。それを乗り越えて頑張ろうとしている、哲さんのほうがずっと偉いと、僕は思っている。

僕が常に、もっともっと頑張らなきゃいけないと思うのは、そういうことがあるからなのだ。

哲さんに限らず、身体障害者の人たちに会うたびに、僕はそう思う。

ハンディキャップを負いながらも、懸命に生きる人たちの姿を見るたびに、僕は勇気づけられる。そしてもっと頑張ろうと思う。

だからひそかに、そういう施設などにも協力させていただいてきた。ずっと内緒にしていたのだけれど、相手の人たちが年々マスコミなどに洩らすようになって、最近は少し知られるようになってしまったようだ。それはそれでいいのだけれど、僕ができるだけのことをしたいと考えるのは、そういう思いがあるからだ。

アメリカのプロゴルフ協会は、ガンと闘う人々の支援をずっと続けているけれど、それに協力しているプロゴルファーが言っていた。

「どんなに厳しい試合でも、ガンと闘っている人たちの闘いに比べれば、何でもない」

僕も同じ思いだ。身体障害者の人たち、ガンに侵された人たち、そして今回の阪神大震災で被災された人たち、皆さんの闘いに比べたら、皆さんの頑張りに比べたら、僕の頑張りなど何でもないことなのだ。

阪神大震災では、お祖母ちゃんが被災した。僕にとっては他人ごとではない。そしてゼロからまたやり直そうと、頑張っている人たちには、僕にできるだけのことをさせてもらいたいと思っている。もしそういう皆さんの励みになるのなら、野球で頑張るのはもちろんだけれど、他のことでも協力を惜しまないつもりだ。

たとえば「幸せ」について考えてみる。

僕は幸せになるための要素が、三つあると思う。第一は、健康であることだ。健康であることに命を賭けろというのが、僕の持論だ。風邪を引くこともある。病気をすることもある。そのときは健康になろうと、命をかけて治そうと努力する。

第二は家族だ。幸せになるためには、家族を命を賭けて守らなければならない。

第三が仕事だ。自分の仕事を命を賭けてやることだ。それが幸せにつながる。

僕は健康だ。野球ができるほどの、恵まれた健康を持っている。家族がいる。今は結婚して、嫁さんも子供もいる。両親、姉弟もいる。そして好きな仕事ができる。こんなに幸せなことはない。だから、いくらでも頑張れるはずだ。

この幸せの要素の、ひとつでも欠けていて、それでも頑張っている人たちに比べたら、僕はもっともっと頑張れるはずなのだ。

実は哲さんのように、そうやって頑張っておられる皆さんから、僕のほうが生きる勇気や頑張る気力をもらっているのだ。

病気やハンディキャップや逆境と、真正面から取り組んで、懸命に生きておられる皆さん。勇気を持って、毎日闘っておられる皆さん。

皆さんこそが、〝僕が頑張れる理由〟なのだ。

僕のイメージが変わった？

いろいろ目標を立てて、それに向かって努力するのが、僕のやり方だ。前にお話ししたように、僕の日記には、何年も先の目標まで書き込んである。しかしこのことだけは、予定になかった。目標にもしていなかったし、もちろん日記にも書いてなかった。

１９９４年のＭＶＰ（最高殊勲選手）に、選ばれたことだ。

ＭＶＰなんて考えてもみなかった。

報せを受けてから、「どうやって選ばれるんですか？」と聞いて、また驚いた。記者の皆さんの投票だというじゃないですか。正直に言って「ウソー」と思った。マスコミに愛想が悪いことで有名な僕が、選ばれるなんて。どう考えたって、票が入るわけがない。そういえば、いつか聞いたことがあったかもしれないけれど、自分には無縁だと思っていたから、全然関心がなかった。

日常の取材のときだって、もしマスコミの人がちょっとでもヘンな質問をしたら、「あなたもプロでしょう。ちゃんと調べてから質問しに来て下さい。そういう質問は、ちょっとおかしいと思いませんか?」

なんてことを、はっきり言ってしまう桑田真澄なのだ。

そんな僕をMVPに選んでくれたことには、もちろん感謝している。

でも、この本の中で何度も書いてきたように、賞とか結果というのは、僕にとっては大したことではない。生意気な、可愛げがない、ひねくれてる、素直じゃないというような声が、聞こえてくるような気がするけれど、僕にとっては、そういう結果を手にするまでの過程での努力のほうが、もっと大切だと言いたいのだ。いかに努力したか、いかに頑張ったかにこそ、本当の価値があると思っている。決して慢心で言っているわけではない。

それに僕は、いろいろな賞をいただいたことも、日本一になったことも、自分がやったんじゃないと思っている。あくまで、させてもらったのだ。その気持ちが大事だと思っている。ありがたいな、という気持ちになれるかどうか、それが大切だと思う。

あれだけ努力して、こういういい結果をもらえたのだから、またあれ以上の努力をすれば、またいいものをもらえるかもしれない。それが欲しいからじゃなくて、そう思ってまた努力する、頑張ることが大切だと思っているのだ。わかっていただけるだろうか。

しかし、去年ああしていろいろな賞をいただき、日本　になったら、まわりの人たちの目が、マスコミの人たちも含めて、ガラッと変わっているのには驚いた。

はっきり言って、それまでずっと僕につきまとっていた、シロい目がなくなった。不思議なことに、どこに行ってもシロい目を感じない。それは、94年のシーズンの中頃、ちょうど100勝を達成した7月以降からだった。そして、

「キミ、変わったねぇ」

「桑田君、イメージが変わったね」と、言われることが多くなったのにも、びっくりしたものだ。

前にも書いたように、僕は同じことを考え、同じコメントをし、同じことをやっているだけなのに、評価が以前とはまったく違っているのだ。僕は変わっていないつもりだ。まわりが変わったのだと思うのだけれど。

それとも皆さんも、僕のイメージが変わったと思いますか？

Ⅲ

野球と人生に懸ける想い

フロリダの海岸にて

野球の勉強が好きだ

野球の勉強をしたり、研究をしたりするのが、僕は好きだ。
ピッチングだけじゃなく、バッティングについても同じだ。
僕は野球のためだったら、どんな人にでも話を聞きに行って勉強する。金田さんや藤田さんにも聞きに行った。平松さんにも、東尾さんにも、江川さんにも聞きに行った。何かの折に聞くということもあるし、家までおしかけたこともある。先輩だけではなくて、歳下の選手でも、僕は聞きに行く。いろいろな人に聞く。勉強する。そこにはプライドも何もない。

よく人はプライドを傷つけられたという。たとえば年俸が低かった、待遇が悪かった、プライドを傷つけられた、というように。

でも僕の考えでは、自分の仕事に対して努力していること、精一杯頑張っていること、それが僕のプライドなのだ。だから、プライドを傷つけるのは、自分自身でしかない。

自分が努力しなかったら、それが自分のプライドを傷つけることになるのだ。仕事に対する意気込みだとか、そのための努力、それが僕のプライドだ。そのためにはいろいろな人に話も聞くし、教えも乞う。

自分のフォームはもちろんだけれど、僕は他のピッチャーのフォームも、研究する。研究するのが、好きなのだ。昔の人のフォームも、ビデオで持っている。中には数日しか借りられなくて、返却しなければならないものもあったけれど、別所さんや金田さんの、昔のピッチング・フォームも全部見せてもらった。それぞれ違うから、自分に合ったフォームというのは、やはり自分で開拓しなければならないのだけれど、先輩たちのフォームを見て、勉強するのが好きだ。僕のピッチング・フォーム・コレクションは、何十人、ひょっとすると百人以上になるかもしれない。

現役の投手のフォームのビデオも、たくさん持っている。自分が試合あがりのときとか、中止になって家に帰ったときに、たとえばヤクルト対横浜戦をテレビでやっていたら、そこのピッチャーが3球から5球投げるフォームを、ビデオに撮っておく。岡林君、ハイ5球撮った。チェンジになった。ハイ野村君、5球ずつ撮ろう。ハイ撮った。オッ、リリーフが出てきた。リリーフも撮っておこう、ハイ3球。こんな具合だ。どこがいいのか、どういう投げ方をしているのか、そういう勉強をしている。

ジャイアンツのピッチャーのフォームは、間近で見ることができるから、もちろんいつでも研究している。だから、斎藤さんが20勝したときに、それまでと左手の使い方が変わって、バランスが良くなっていたのにも、僕はすぐに気づいた。これは実は、斎藤さん自身も気づいていないことだった。

とにかく知っておくのは、大事だと思う。そして自分の参考になりそうなことは、一度はやってみる。やってみて合わなければ、やめればいい。でも合わなくても、それを僕は日記などに記録として残して、ちゃんと取っておく。

いつか、たとえば僕が将来、コーチや監督になれたときに、それは参考になるかもしれない。選手は十人十色だから、僕には合わなかったことでも、合う選手がいるかもしれない。もしそういう機会が、僕にもめぐってきたら、この選手には前にあの人に教えてもらったことが、ぴったり合うなとか、この選手にはあれがいいなとか、指導もできる。何も研究せずに、現役のときにただ好きなように、投げていただけだったら、そんな場合に教えようがない。技術的な説明もできないだろう。

僕が解剖学にまで興味を持って、体の仕組みや筋肉の構造まで勉強するのは、たとえ

ば将来そういうときに、選手から質問されても、

「人間の体は、こうこう、こうなっていて、筋肉はこういうふうに付いているんだ。こう動かしたときに、力がすごく発揮できる。だから脚を上げるときには、このほうがいいんだよ。でもキミの場合は体型が違うし、ここが硬い。硬い人は、逆にこういう使い方をすると、力が伝達できない。だから、ここを逆に使うほうが、力を伝達できるだろう」

という具合に説明できれば、すごくわかりやすいだろうと思うのだ。

バッティングについても、バースに聞いたり、落合さんや山本浩二さんに、聞きに行ったりして勉強した。自分のピッチングにも、バッティングにも参考になる。つまり野球の研究のため、勉強のために、聞きに行くのだ。

そのおかげか、自分でもピッチャーにしては、バッティングがいいと思う。打率は現役で一番いいのじゃないだろうか。去年は2割8分8厘のはずだし、通算打率も2割を超えていると思う。ヒットの数も一番多いと思うし、得点圏打率もいいはずだ。

〝それが野球だ〟と思う

ピッチャーであっても、打席に立ったら打つ、打ったら走る。ランナーに出たら、先の塁を狙う。スライディングだってやる。

〝それが野球だ〟

僕は子供たちの野球をよく見る。家の近くには、小学校から高校まであるし、地方に行ったときでも、子供たちが野球をしていたら、時間があるときは必ず車を止めて、ぼんやり見ている。

試合でも練習でも、子供たちはみんなとっても楽しそうだ。

そんな光景を見るたびに、「あぁ、自分も小学生のとき、中学生のとき、ああやって楽しく、野球をやってたな」と思う。ときには反省しながら見る。「この気持ち、今でも持っているかな」と。

練習は厳しかったけれど、コーチは怖かったけれど、でも楽しかったなぁ。

子供たちの野球でも、草野球でも、投げるだけの人なんていない。投手だからって、バッティング練習をしない子なんて、どこにもいなかった。

みんな自分の打席が来るのを、楽しみに待って、自分の番が来たら、思いっ切り打って、思いっ切り走るじゃないですか。

今から考えたら、信じられないようなところで、思いっ切りやった。石コロがいっぱいで、イレギュラーはするし、土は硬いし。そんなところで、小学生なんか半ズボン穿いて、スライディングまでする。あの気持ちだ。あれが野球だった。

「あぁ、この気持ちだ。自分は仕事として、プロ野球選手になっているけれど、この気持ちで、ユニフォームを脱ぐまでやっていきたいな」

子供たちが野球をする姿を眺めながら、いつも僕はそんなふうに思っている。

だから、実際のゲームでも、バッターになったら打つ、打ったら自然に走る。なぜならそれが楽しいからだ。

ランナーだって楽しい。

たとえば、ランナーで1塁に出たとする。ライト前に打球が飛んだ。ヒットになったとき、3塁までいくかどうか。この位置でランナーコーチを見て、こんなふうに2塁ベースを踏んで、ベースを踏んだら、すぐまたランナーコーチを見て、よしッ、ゴーのタイミングだ。スライディング！　セーフだったら、よし、あのタイミングだったんだ。パーフェクトだったと、こうなる。

アウトになったら、ああ、あそこでちょっと遅かったか。ベースの回り方が、ちょっと大きかったかなと、そこでチェックして反省する。じゃあ、今度1塁ランナーに出て、ライト前ヒットがきたら、この反省を踏まえて、完璧に回ってやろう。ランナーには、そういう楽しみがある。

やるからには、楽しく。それが仕事なのだから、こんなに幸せなことはない。

「好きなことを仕事にできていいですね」と言われて、「だから逆に、プレッシャーがかかって嫌なんだよ」と言う人もいるけれど、僕は好きなことができて、それが仕事で、こんなに最高だと思うことはない。

プロだって、いやプロだからこそ、楽しくプレーする。

それが野球だ。

目標は200勝

「あぁ、僕もこの人たちのグループに、入らなきゃいけないいな」

そう思った。プロ野球・名球会のことだ。

投手なら200勝、打者なら2000本安打を達成した選手だけが、入会の資格を得ることのできる栄誉だ。

僕は入団発表のときに、「200勝が目標です」と言っている。

でもその日、そのときまで、目標は200勝なんて考えたことはなかった。共同インタビューで、ドラフト1位だったから真っ先に質問されて、パッと出てきたのが、その答えだった。あらかじめ用意していた答ではなかった。

「200勝を目指して、名球会に入る。200勝が目標」というのは、そのときに自然に口から出た言葉だった。やはり《第一感》だったのだろう。

それを言ってしまってから、200勝を目標に頑張ろうと、改めて思ったのだった。

ときどき名球会のパーティに呼ばれる。

そこでお会いしてみると、皆さんそれぞれに、何かいいものを持っているのを感じる。個人個人に、２００勝、２０００本を達成した人にしかない、雰囲気がやはりあるのだ。あぁ、僕もこのグループに入らなきゃいけないなと、去年などはとくに思った。去年、'94年の名球会チャリティ・ゴルフに、セ・リーグの選手では僕ひとりだけが、招待された。

そのとき本当に強く思った。絶対にここに入らなきゃいけないと。

皆さんに共通していたのは、野球に命を賭けてやってきた人だな、という印象だった。すごくそういう雰囲気を感じた。もちろん名球会に入っていない中にも、素晴らしい人はたくさんいる。でもやはり、名球会の人ならではの雰囲気というものを、僕は感じた。絶対に入りたいと思う。

でも勝敗は時の運だ。２００勝を達成できるかどうかは、わからないことだ。でもそれを目標に頑張ってみたい。

僕がこれから、たとえばあと一〇年か十五年プロ野球の投手をやるとして、毎年毎年いいわけがない。悪いときもある。いいときもある、普通のときもあるだろう。

でもどんなときでも、結果だけにとらわれるのではなく、いかにその過程、プロセスで努力してきたかで評価したいと思う。最悪の結果しか残せない年でも、シーズンが終わって充実していれば、それでその年は、最高だったんじゃないかなと思うのだ。

過去に17勝したことも、16勝したこともある。去年は14勝だった。一方8勝しかできなかった悪いときもある。悪いときには、もうこれ以下はない、もっと下はない、あとは上がるだけだ、頑張ろうじゃないかと思って努力する。いいときは、それで満足したら下降してしまうから、もっと良くなろうじゃないか、これをもっとキープしようじゃないか、と思ってまた努力する。

そんなふうに努力している自分が、僕はすごく好きだ。そうやって自分を磨き続けるのだ。

努力するプロセス、充実感のある過程を積み重ねて、その結果として200勝が達成できれば、こんなにうれしいことはない。

とにかく、目標の半分を超えることができた。

200勝に向かって、これからも努力を続けたい。

禁煙ルームを希望

契約更改で、球団に嫌煙権を希望した。

プロ野球選手としての責任を果たすために、必要だと思うからだった。

皆さんはきっと信じられないだろうけれど、ロッカー・ルームの中は真っ白なのだ。みんなの煙草の煙でかすんでいる。

ある外国人選手が入団したときのことだ。初めてロッカーに案内されて、ドアを入った瞬間に、その選手が通訳の人に叫んだ。

「消化器を持って来い！　火事だ！」

本当にそんな状態なのだ。

僕の喉は、とくに煙に敏感だから、そんな状態のロッカー・ルームには、とても長時間いられない。だから僕はいつも着替えが済むと、すぐにロッカーを出てしまう。

煙草を毎日吸うと、最低三年は寿命が縮まるという報告がある。喫煙をしないことによって、選手寿命が三年伸びると考えたら、それはプロスポーツ選手として、お金などには換算できないほどの意味を持つものだし、健康で頑張り続けることができれば、僕自身も家族も幸せだ。

僕のわがままかもしれないけれど、禁煙ルームは、以前からお願いしていたことだ。入団以来九年間、希望し続けてきたことだった。ロッカー内に禁煙ルームを設けるのでは、効果がない。同じ部屋では、結局煙がまわって間接喫煙をすることになってしまう。

ちょうど予備の部屋があるのを知っていたから、それを禁煙ルームにして欲しいと、希望したのだった。

「その部屋は、おまえひとりだけになるよ」と言われた。

「いいですよ。ひとりだけでもいいですから、そこに僕のロッカーを入れてください」とお願いしたわけだ。

僕が希望したのは、棲み分けだった。煙草を吸う人と吸わない人を分離して、お互いに気兼ねすることなく棲み分けるということだ。両方の希望と権利を充たすためには、それぞれの場所を作るしかない。吸わない人のためには、どうしても禁煙ルームが必要だと思う。

普通の仕事をしている人は、体が資本で、体を使うプロフェッショナルというわけではないから、僕としても嫌煙権を押しつけるつもりはない。でも僕たちは、プロのスポーツ選手なのだ。

プロ野球選手は、いいプレーを見せて、入場料を払ってくれたお客さんに、喜んでもらうのが仕事だ。だから僕たちは、そこまで健康を真剣に考える必要があると思うのだ。いいプレーを見ていただくためには、そこまでしなきゃダメだ。

それがプロだと思う。

長嶋監督も煙草を吸わないから、分離した禁煙スペースを設けることに理解があって、球団に進言してくれたのはありがたかった。

僕が希望した嫌煙権は、'95年のキャンプで、さっそく実践された。キャンプでは禁煙ルームを設置できないから、全面禁煙になった。煙草でストレスを解消したりしている選手は、不満に思ったかもしれないけれど、これはプロ野球選手として、僕には譲れない権利なのだ。

年俸はトータルで

今はもう、お金に対するこだわりはないけれど、19、20歳くらいの頃までは、大金持ちになりたいという気持ちが、やはりあった。

今はトータルで、考えるようになっているから、目先のお金にはこだわらない。

でも若いときには、どこかに驕りがあったのだろう。謙虚に謙虚にと、自分に言い聞かせていたのだけれど、もっと欲しい、大金持ちになりたいという欲望が、あったようだ。今度の契約更改では、残した成績を考えると、自分がジャイアンツのピッチャーで一番の年俸になってもおかしくないと思ったし、それだけ欲しいなという気持ちもあった。結果的に、斎藤さん、槙原さんには及ばなかった。けれど、今年がんばって一番になれるように努力すればいい。

たとえば年俸二億円の人がいて、僕が一億円だったとする。でも僕の一億円は、その人の二億円より価値があるんだと、最近は思えるようになった。

ここまでこの本を読んでくれて、桑田真澄独特の考え方や生き方が、見えてきたはずの皆さんには、何となく僕の考えが分かっていただけるだろうか。

二、三年前までは、とてもこんなふうには、思えなかった。オレは絶対に二億円で、一番じゃなければ嫌だ、そういう気持ちで、更改でもゴネまくっていたことだろう。でも今は、オレの一億五千万は、三億も四億もの価値があると考えている。バカですかね、そう思うのは。

たとえばここに、百万円の束が三つ置いてあるとする。

Aの束は、一生懸命働いて得た百万円。Bは盗んできた百万円。Cは悪いことをして他人から掠めた百万円。同じ百万ずつだ。でもこのお金の本当の価値が、全部同じかというと、そうではない。やっぱりAの百万円には、価値がある。一千万円の価値、一億の価値があると思う。BやCの札束には価値がない。汗水たらして、一生懸命働いて得た百万円には、すごい価値があると思う。そういう考えなのだ。

交渉のときには、こんなふうに考えた。

僕が二〇年現役をやって、四〇億円稼ごうとしたと仮定する。今ここで、希望より五、六千万安いからといって、もう二、三千万上げろと交渉でモメるよりも、たとえば一〇年後に、僕は五億でいいと言っているのに、いや六億もらってくれというようにできれば、そのほうがはるかにプラスだ。最終トータルすれば、ゴネてゴネてやっと四〇億かもわからない。一方ではこちらが「もう、いいですよ」と言っても、最終的に四五億か五〇億になっているかもわからない。長い目で見たときには、目先のお金より、将来効果が出る健康をもらうほうがずっといい。

それに、去年はいろいろな賞をもらったけれど、勝ち星をみれば、たかが14勝、たった14勝じゃないかとも考えた。まだまだ先がある。

僕と同じような成績で、二億もらった人がいたとする。今の時点では、確かにその人のほうがいいなと、思えるかもしれない。でもトータルしたら、それはわからない。その人は三年後に、肩痛で引退しているかもしれない。僕は三年後もバリバリ全盛期で、まだやっている。どっちが得か。そんなふうに考えたら、目先の損は損じゃない。

何事によらず、僕はトータルで考えたいと思うのだ。

わが友・清原和博

「いい当たりだったな」

「いやぁ、四、五年ぶりのいい当たりだった」

「でも、2発目なんか、ちょっと泳いだだろう？」

「ちょっと泳ぎ気味だったけど、ちゃんと、とらえられて良かったよ」

「またやろうな」

「うん、そうだな」

日本シリーズ第6戦を前にして、東京ドームでの、僕と清原君との会話だ。第5戦で、僕が清原君にバックスクリーンに叩き込まれた、2本のホームランについて、話していたのだった。

日本シリーズでの二人の対決、いわゆるＫＫ対決の結果は、7打数5安打5打点、ホームラン3本と、清原君が打ちまくって終わった。さすがは僕が高校時代から、『世界一のバッター」と讃えている清原君だ。でも僕としては、清原君に1発を浴びても大勢に影響のない場面で、真っ向勝負したのだから、かえって気持ちが良かった。

二人だけで、野球を楽しんだ、という印象だった。

そしてまた、見事に打ち返されたことで、僕はまた練習に励んで、清原君に挑むというわけだ。慢心しそうな僕を、清原君がビシッと引き締めてくれたのだ。これでまた、僕は自分を磨けるのだ。

清原君のいいところは、練習熱心なことだ。ＰＬ時代からそうだった。そこが僕は好きだし、プロはそうじゃないといけないと思う。いっぱい遊んでも、何をしてもいいけれど、練習は人一倍やってくれないと困る。

清原君がなかなかタイトルを取れないことを、云々する人が多いけれど、結果にとらわれることはないと思う。懸命に練習を続けていれば、清原君ならいずれはタイトルを取る。記録も残すだろう。結果は天がくれるものだ。

僕はプロ1年目でほとんど働いていないから、同時にプロ入りはしたけれど、ＦＡ（フリー・エージェント）の権利行使の機会は、清原君と一年ずれることになる。清原君が'95年で、僕が'96年だ。

ＫＫ対決も、もちろんいいけれど、同じユニフォームを着て、チームメイトとして、清原君と野球をするのも楽しみだ。できたら一緒にやりたいものだ。

二人で会ったときには、よく「ジャイアンツで一緒に、やりたいな」という話をするのだけれど、これは実現するかどうか、今のところはわからない。

メジャーリーグのこととなると、天才・清原君も消極的だ。

「オレは、行きたない」と彼は言うのだ。

「オレは日本で充分や。メジャーなんて全然興味ない。言葉もわからへんし、飯かてまずいし、向こうでなんて、オレやれへんわ」

「おまえは英語でも何でもできるからええけど、オレは何もできへんから、行きたないわ」と、メジャー入りについては、全然乗り気じゃない。

でもメジャーで成功するのも難しいし、日本で成功するのも難しい。だから〝そこで〟やるのが、大切だと思う。清原君のように日本でやると決めるなら、その日本で成功するのが、素晴らしいことで、大事なことだと僕は思っている。

メジャーリーグの夢

メジャーリーグで投げている夢を、見たことがある。

親友の清原君は、アメリカでプレーすることに、まったく消極的だけれど、僕はメジャーでやってみたい気持ちがある。

向こうでまた自分を磨くことに、意味があるんじゃないかと、思っているのだ。

メジャーに行くということは、オリンピックやマラソンに出場するのとは違うから、参加することや完走することに、意義があるわけじゃない。メジャーに行って、オレは挑戦したいんだからいいだろう、そんな軽い気持ちでは、メジャーでやる意味がないと思う。

野茂英雄君がメジャー宣言をして、ロサンジェルス・ドジャースと契約したら、「先を越された。先に行きたかった、一番に行かないと意味がない。先を越されるのが嫌だった」などと言っている人がいたけれど、それだったら目的が違うじゃないかと、僕は思うのだ。エエカッコするために、メジャーに行くのか！

僕の場合は、そういう気持ちで行きたいと、言っているのではない。アメリカで、言葉をもう一度やり直す。アメリカ人の、人間と人間との付き合い方の勉強もする。あっちは国土が広いから、コンディショニングを維持するのも、日本より大変だと思う。暑いところへ行って、寒いところへ行ってだ。時差もあるし、飛行機での移動だって、四時間、五時間だ。独特のヤジもあるだろう。そういう中で、負けずに自分を磨いてみる。そこに意義があると、思っているのだ。

でも、絶対にメジャーへ行くと、決めているわけではない。

前にも書いたように、《すべてのタイミングは、パーフェクト》なのだから、《今を生きよ》と、今を精一杯にやって、そのときになったら、いずれにせよどっちかを選択するわけだから、自分にとって《最高の道》を《第一感》で選んで、そこへ進んで行きたいなと思っている。

今年になって、サンフランシスコ・ジャイアンツから、身分照会があったことを知ったときは、やはりうれしかった。ＦＡ取得もまだだし、すぐにはどうすることもできないけれど、球団があっさりと断ってしまったのは、ちょっぴり残念だった。

メジャーの僕に対する正式な評価ということだから、身分照会をうれしく感じた。

僕がメジャーで投げることで、向こうにいる日本人の人たちが、少しでも多く球場に足を運んでくれたらいいなという想いはあるし、そんな夢を見たこともある。

僕がメジャーで投げる夢だ。

場所はカリフォルニア。なぜかカリフォルニアだ。きっと日本人が多いから、夢にも出てきたのだろう。

メジャーでは、何日には誰が投げるというのが、あらかじめわかっているから、きょうは桑田が投げる日だということで、球場に日本人がたくさん来ている。

そしてその人たちが、おにぎりとか純和食をいっぱい持ってきて、試合前に僕にくれる。

「桑田、これ食べろ」と言って。

日本流の横断幕なんかもあって、向こうにいる日本人の人たちが、僕の登板を喜んでくれている。もちろんアメリカ人のファンも、応援してくれている。

僕がメジャーリーグの、マウンドに立っている。帽子を目深にかぶって。

そんな夢を見たことがある。

夢が現実になるかどうか。そうならなくても、僕はかまわない。一生日本で野球生活を終わるかもしれないし、メジャーに行けるかもわからない。

僕はいろいろな目標を立てて、それに向かって努力するのが、生き方の基本だけれど、そしてもうひとつ矛盾しているようだけれど、臨機応変にやるという生き方も持っている。

メジャーに行くという目標は、実は立てていない。これはそのときのタイミングに任せて、臨機応変に判断しようというほうに、分類されているのだ。

僕の目標の立て方には、二種類あるというわけだ。この分類は、頭の中では完璧に分かれているのだけれど、ちょっと説明が難しい。なぜメジャーに行くことが、もうひとつのほうの分類になるのか、そのあたりは自分でもうまく表現できないのだ。

とにかく、メジャーリーグで投げたいという、気持ちはあるのだけれど、そのとき、そのタイミングがパーフェクトなら決心する、という選択肢の形をとっているのだ。

長嶋茂雄監督の情熱

僕は野球が好きだ。本当に好きだと思う。

だから野球に対する情熱は、誰にも負けないつもりだった。

ここまで、この本に付き合ってくれた読者の皆さんは、おそらく桑田真澄は本当に練習とか努力というのが好きな男なのだなぁ、野球が好きなんだなと、少々あきれているに違いないと、僕自身でも想像できる。

そんな僕でも、この人の野球に対する情熱には、負けたと思った。

その人は、長嶋茂雄監督だ。

長嶋監督の情熱は、素晴らしい。

さすがの僕も、かなわない。優勝パレードのところでも、ちょっと書いたけれど、ファンの皆さんへのサービスも含めて、監督は本当にすごいと思う。

この野球に対する情熱を、少しでも長嶋監督に近づけるようにしたい、というのが僕の願いだ。

長嶋監督のオーラというようなことを、マスコミはよく話題にするけれど、僕にはよくわからない。オーラか何か知らないけれど、僕は監督の笑顔が好きだ。このことも前にずいぶん書いたけれど、あの笑顔で、みんなが喜ぶ。みんなが幸せになるのだ。

あの笑顔をみんなに見せてあげたいなと、僕はいつも思う。

だから、監督を胴上げしたいとか、日本一にしてあげたいと言う前に、あの笑顔をみんなに見せてあげたいというのが、去年の僕の最も強い意識だったのだ。

でも、長嶋監督はすご過ぎて、正直に言って、僕にはよくわからない。

読者の皆さんが喜びそうな面白いエピソードは、それこそ枚挙にいとまがない。おそらく選手の一人一人が、それぞれ最低一度は、ユニークな監督のエピソードを目撃したり、経験したりしているはずだ。もちろんここに書くわけにはいかないけれど。

いずれにせよ、すごい人なのだ。

基本的には、何でもOK、楽しくやったことは、何でもOKという人だ。

長嶋監督の、野球に対する情熱のすさまじさの一端を、僕が垣間見たような気がしたのは、キャンプで監督室に行ったときのことだった。

部屋にバットとグローブが、置いてあったのだ。

おそらく、ひそかに素振りをしているのだろうなと思った。監督室に、バットとグローブがあるなんて、想像もしなかったから、本当にびっくりした。やっぱり野球が好きなんだな、と思った。

いくつになっても、朝早く起きて散歩をしたり、いつも健康管理に気をつけて、選手時代の体型を維持しているのも、監督のすごいところだ。

僕がとくに好きなのは、こういう言葉だ。

「キミたちもご存知のように、王貞治は、彼は練習しましたよ。猛烈に練習した」

と、監督は話し始める。

「でも、それよりもっと練習したやつがいるんだ。誰だかわかるか？」

そして、

「……オレだ」

この言葉、このエピソードが僕は好きだ。やはり練習しかないのだ。

日本シリーズのときなど、さかんに長嶋監督の〝カンピューター〟ということが言われたけれど、監督は勘で野球をしているわけではない。

前にも書いたように、監督は自分でもきっちりデータは把握している。そして、データで野球をやるのは、プロなら当たり前で、その上のもっとランクの高い野球を目指すことを、自分のテーマにしているようだ。

それが時に、データやセオリーを無視した采配に思えるのだろう。あまりにすご過ぎて、凡人にはわからないのだ。

監督はひそかに、自分で優勝祈願をしていたようだ。他人にはわからないところで、かなりハードなこともやっている。

長嶋監督は、命を賭けて野球をやっていると思う。そういう姿がまた、男としてカッコイイというか、素晴らしいところだと思うのだ。

野球に対するすさまじい情熱と、野球に命を賭ける姿勢。

それが、僕が長嶋監督に、一歩でも近づきたいと思っている点だ。

引退後の桑田真澄

野球人生が終わったあとのことは、まだ考える余裕がない。

今はまだ、野球のことばかり考えている毎日だ。

目標を掲げ、計画を立てて、そこに向かって努力するのが好きな僕だけれど、将来のことというのは、具体的な目標になっていないのだ。

ＦＡのことも、メジャーリーグへ行くことも、引退後の仕事も、そのときがきたら、目の前のことがパーフェクトなのだと思って、受け取っていきたいと思うだけだ。

とりあえずは、野球のことだけだ。40歳まで、現役でプレーしたい。

いや、45歳でも46歳でも、長くできればできるだけ、投げ続けたいと思う。そして名球会に入る。その目標のために、今努力しているのだ。

前に、将来コーチや監督になって指導するときに云々と書いたけれど、現役を引退しても野球を続けるかどうかは、今はまったく頭の中にない。イメージできないのだ。得意の第一感も何もない状態だ。

実業家にもなってみたいし、田舎に行ってファーマーになって、自然の中で農場をやるのもいいいし、世界旅行もしてみたい。サラリーマンもやってみたい。

大学に行くのもいいなと思っている。スポーツ心理学とか、運動生理学、いろいろスポーツ科学を研究して、学位を取ったりするのもいいなと思う。

とにかく、将来何になりたいかというのは、まだまだ僕の具体的な目標に、なっていないのだ。

今はただ、毎日を精一杯努力して生きるだけだ。この努力や勉強や節制を続けていけば、それを積み重ねていけば、パーフェクトのタイミングで〝そのとき〟が、来ると思っている。《最高の道》が、《パーフェクトのタイミング》で、用意されることだろう。

〝そのとき〟が来たら、《第一感》を信じて選択するつもりなのだ。

将来名球会に入ること、つまり通算２００勝を達成することを、僕は現役の選手として目標にしているけれど、名球会に入ることが、そのまま成功を意味すると思っているわけではない。人間の成功というのは、死ぬまでわからないものだと思う。20歳代、30歳代では素晴らしい人生だったけれど、50歳代で失敗してあとは惨めな生活をしたというのでは、ちっとも幸せじゃないだろう。50歳代、60歳代になって初めて、自分は成功したのかどうかわかると思う。

目先のことではなくて、あくまでトータルで考えて、大局に立ってものを見ていけば、一時的な成功で天狗になったり、驕ったりすることなく、いつも謙虚な気持ちでいられると思うのだ。50歳代、60歳代になって、嫁さんと「良かったね」と、毎日言えるような、そういう人生にしたいと思う。

どんなことがあったって、結果が出なくたって、悪いことがあったって、目先のことで僕は後悔しない。後悔しない生き方というのが、大事だと思う。

たとえば、現役時代に、不節制して、煙草吸って、酒飲んで、マージャンして、博打して遊んで、それでも名球会に入って引退したとする。でもその人は、たとえ名球会に入れたとしても、後悔すると思う。やめるときに「あと三年はできたんじゃないかな」と、きっと後悔すると思う。

「オレはいろいろムチャもやって、それでも名球会に入ったんだよ」と、偉そうに言うのと、ちゃんと節制して、その甲斐あってもう三年やれて、それで名球会に入れたのと、どっちがいいかなと考えたら、僕はやっぱり後者のほうが、素晴らしいと思う。

また、ちゃんと節制して一生懸命やったのに、50しか勝てない人もいると思う。でも生き方としては、たとえ50勝しかできなくても、節制してやったほうがプロとして後悔がないと僕は思うのだ。

でも誤解がないように言っておきたいのは、僕は自然な欲望を、無理矢理抑えつけて、煙草も吸わない、マージャンもしない、酒も飲まない、夜遊びもしないというわけじゃない。そういう欲が本当にないのだ。

付き合いが悪いなと、よく言われるけれど、野球選手の付き合いと言ったって、要するに酒を飲むか、マージャンをするか、あとはゴルフだ。

何かやりたいという欲がなかった僕だけれど、ゴルフはちょっと上手くなったし、面白いから、三、四年前から、これだけは付き合いが良くなった。朝早いのは得意だし、健康的だし、グリーンでいろいろな人に会って話もできるし、ゴルフだけはよく付き合う。

そのほかは本当に欲がない。やりたいと思わないのだから、しょうがない。欲があるのは野球のことばっかりだ。

「なんだか求道者みたいだね」と、最近ある人に言われた。道を求めて、苦行する人みたいだと。そういうところは、確かに自分でもあると思う。

これもＰＬの教えのひとつだけれど、《球道即人道》というのがある。野球の道、それはすなわち人の道だということだ。今の時代にこんなことを言ったら、バカやろうと言われるだろうけれど、僕にはわかる言葉だ。

でも同時に、ビジネス・イズ・ビジネスという、アメリカ人の考え方もよくわかる。野球はビジネスだというとらえ方も、わかるつもりだ。

ただしそのビジネスである野球で、自分を磨こう、自分の〝人間力〟を磨こうというのが、僕の生き方なのだ。

引退後に何をやるかは、決めていない。その目標も、今は持っていない。でもまた何か新しい仕事に就くだろう。その日が来たら、その仕事にまた命を賭けて、頑張っていく。

その仕事を通して、また自分を磨いていくのだ。

それが、「桑田真澄という生き方」なのだと思う。

おわりに

最後までこの本を読んで下さって、ありがとうございます。

プロ野球選手として10年目という節目に、僕にとっては初めての本を出すことができて、本当にうれしく思っています。パーフェクトのタイミングで、出版の機会に恵まれ、いろいろな人たちのご協力をいただいて、この本をまとめることができました。

これまで自分の考え方や、野球や人生に対する姿勢について、ほとんど語ったことがない僕が、初めて真情を吐露したのがこの本です。野球人としての桑田真澄とともに、一人の人間としての僕を、知っていただくにふさわしい時期が、訪れたと判断してまとめたものです。僕を応援し続けて下さったファンの皆さんや、野球のこと、人生のことについて、ご指導やご支援をいただいた多くのかたがたへの、感謝の気持ちもこめました。

これからも、野球を通して自分の人間力を磨きながら、一日一日を大切に、頑張って生きていくつもりです。よろしくお願いいたします。

一九九五年のプロ野球開幕を前に　桑田真澄

引用・参考資料

「巨人軍優勝の軌跡」（報知新聞縮刷保存版）
「Number」（文藝春秋社）
「月刊ジャイアンツ」（報知新聞社）
『桑田よ清原よ生きる勇気をありがとう』清水哲（ごま書房）
「報知グラフ」（報知新聞社）
スポーツニッポン
サンケイスポーツ
朝日新聞

桑田真澄　masumi KUWATA

１９６８年４月１日、大阪生まれ。

’８６年ＰＬ学園高校卒業。

ＰＬ時代は１年生からエースとして５季連続甲子園出場。

２度の優勝と２度の準優勝を誇る。甲子園での２０勝は戦後最多。６本塁打も史上２位の記録。

’８６年ドラフト１位で巨人入団。

’８７年に沢村賞獲得。

’９４年最多奪三振王になり、ＭＶＰ獲得。

’０６年巨人退団。パイレーツとマイナー契約。

’０７年６月メジャーリーグ昇格。

’０７年８月パイレーツ退団。

桑田真澄　全成績（2007年8月14日現在）

年度	所属	試合	勝	敗	S	投球回数	奪三振	防御率
1986	巨人	15	2	1	0	61 1/3	57	5.14
1987	巨人	28	15	6	0	207 2/3	151	2.17 ★
1988	巨人	27	10	11	0	198 1/3	139	3.40
1989	巨人	30	17	9	0	249	155	2.60
1990	巨人	23	14	7	0	186 1/3	115	2.51
1991	巨人	28	16	8	1	227 2/3	175	3.16
1992	巨人	29	10	14	0	210 1/3	152	4.41
1993	巨人	26	8	15	0	178	158	3.99
1994	巨人	28	14	11	1	207 1/3	185	2.52 ☆○
1995	巨人	9	3	3	0	65 1/3	61	2.48
1996	巨人	0						
1997	巨人	26	10	7	0	141	104	3.77
1998	巨人	27	16	5	0	181	116	4.08
1999	巨人	32	8	9	5	141 2/3	100	4.07
2000	巨人	30	5	8	5	86	49	4.50
2001	巨人	16	4	5	2	50 1/3	31	4.83
2002	巨人	23	12	6	0	158 1/3	108	2.22 ★
2003	巨人	14	5	3	0	71 1/3	46	5.93
2004	巨人	16	3	5	0	79 1/3	39	6.47
2005	巨人	12	0	7	0	49 2/3	34	7.25
2006	巨人	3	1	1	0	11 2/3	5	6.94
日本通算		**442**	**173**	**141**	**14**	**2761**	**1980**	**3.55**
2007	パイレーツ	19	0	1	0	21	12	9.43

（6月10日のメジャーデビュー以来9試合の防御率2.53、続く9試合で7.65、8月13日の最終登板で1回5失点し、最終防御率は9.43。19試合に登板、0勝1敗、奪三振12個。）

★ 最優秀防御率　　☆ 最優秀選手(MVP)　　○ 最多奪三振

本書は1995年に刊行された単行本『試練が人を磨く　桑田真澄という生き方』を文庫化したものです。ただし、「まえがき　文庫出版にあたって」は2007年8月14日に新たに加筆されたものです。また、本文中p3、p17、p29、p117、p223の写真は文庫化にあたり新たに追加したものです。

企画・構成……中村浩美

編集………………伊藤正明

試練が人を磨く　**桑田真澄という生き方**

発行日……………2007年9月28日　第1刷
著者………………桑田　真澄（くわた　ますみ）
発行者……………片桐　松樹
発行所……………株式会社　扶桑社
東京都港区海岸 1-15-1　〒 105-8070
TEL（03）5403-8859（販売）
TEL（03）5403-8870（編集）
印刷・製本………文唱堂印刷株式会社
装丁・DTP………椿　ゆきの

万一、乱丁落丁（本の頁の抜け落ちや順序の間違い）のある場合は小社販売部宛にお送りください。
送料は小社負担にてお取替えいたします。

ISBN 978-4-594-05487-8
Printed in Japan（検印省略）
定価はカバーに表示してあります。